对外汉语教学与研究

2016(1)

主　编｜赵文书

Teaching Chinese as a Second Language

南京大学出版社

图书在版编目(CIP)数据

对外汉语教学与研究.2016.1/赵文书主编.——南京:南京大学出版社,2018.1
ISBN 978-7-305-19727-7

Ⅰ.①对… Ⅱ.①赵… Ⅲ.①汉语－对外汉语教学－教学研究－文集 Ⅳ.①H195.3-53

中国版本图书馆CIP数据核字(2017)第316672号

出版发行	南京大学出版社		
社　　址	南京市汉口路22号	邮　编	210093
出 版 人	金鑫荣		

书　　名	对外汉语教学与研究 2016(1)		
主　　编	赵文书		
责任编辑	徐　熙　许秦竹	编辑热线	025-83593052

照　　排	南京南琳图文制作有限公司
印　　刷	盐城市华光印刷厂
开　　本	787×1092　1/16　印张 6　字数 150千
版　　次	2018年1月第1版　2018年1月第1次印刷

ISBN 978-7-305-19727-7
定　　价　30.00元

网址:http://www.njupco.com
官方微博:http://weibo.com/njupco
官方微信号:njupress
销售咨询热线:(025) 83594756

＊版权所有,侵权必究
＊凡购买南大版图书,如有印装质量问题,请与所购图书销售部门联系调换

《对外汉语教学与研究》编委会

名誉主编 程爱民

主　　编 赵文书

副 主 编 丁芳芳　曹贤文

编　　委（以姓氏拼音为序）

曹贤文　程爱民　程　序

丁芳芳　金鑫荣　王明生

王月清　徐兴无　张海林

周同科　赵文书

目　录

教学理论研究

题元理论对汉语使动句解释力的探究 ……… 徐昌火　曹　霞　王思雨（1）

虚义动词"加以"在中高级汉语书面语教学中的偏误分析与教学策略

……………………………………………………………… 张　斌　孙　敏（7）

教材教法研究

社交平台 Storify 与汉语语言文化的协作学习 ……………〔美〕李　红（17）

浅议留学生古汉语语法教学 …………………………………… 张全真（26）

商务汉语教材建设的几点思考 ………………… 陈志红　陈晓燕（33）

留学生"中国概况"课教材编写及教学思路探究 ………………… 吴　琼（38）

教育戏剧介入汉语国际教育的案例研究：以方位教学为例 ……… 陈　漪（46）

国别汉语教学

美国中学生别字现象分析及教学建议 …………………………… 杨雪丽（53）

韩国学生元音"e"及与"e"相关的元音分析

————国际汉语教育语音案例教学 …………… 郭 茜 毛小平（58）

文化研究

中国现当代文学在北美高校 …………………………… [加]段 炼（68）

针对第二语言学习者的文学课新设计 …………………… 丁芳芳（76）

来华游记的东方主义模式化写作

————以福琼《两访中国茶乡》为例 …………………… 敖雪岗（81）

Contents

The Explanatory Power of Thematic Theory on Chinese Causative Sentence
.... Xu Changhuo　Cao Xia　Wang Siyu(1)

An Error Analysis of the Delexical Verb *Jia yi* in Written Chinese and Some Teaching Tips .... Zhang Bin　Sun Min(7)

Promoting Collaborative Learning of Chinese Language and Culture Using Storify .... (USA) Hong Li(17)

Teaching International Students Ancient Chinese Grammar .... Zhang Quanzhen(26)

Notes on the Selection of Teaching Materials for Business Chinese .... Chen Zhihong　Chen Xiaoyan(33)

On Teaching International Students the Introduction to China Course .... Wu Qiong(38)

Case Study of Intervention of Drama in Education into International Education of Chinese: Direction Teaching .... Chen Yi(46)

The Misuse of Homophonic Chinese Characters among American Middle School Students and Some Teaching Tips .... Yang Xueli(53)

Teaching the Pronunciation of *e* and Related Vowels: A Case Study of Korean Students ·· Guo Qian Mao Xiaoping(58)

Teaching Modern Chinese Literature in the US and Canada ···················· ·· (Canada)Lian Duan(68)

A New Chinese Literature Course for Learners of Chinese as a Second Language ··· Ding Fangfang(76)

Orientalism in Robert Fortune's *Two Visits to the Tea Countries of China* ··· ·· Ao Xuegang(81)

题元理论对汉语使动句解释力的探究

徐昌火 曹 霞 王思雨[①]

[摘 要] 使动句是汉语中的一种特殊句式,长期以来一直备受语法界的重视和关注。本文拟在题元理论的框架下,总结前人的理论成果,探究如何运用题元理论对汉语使动句作出较好的句法语义描述,提升题元理论对汉语语言事实的解释力。

[关键词] 使动句;使动词;题元理论;轻动词

The Explanatory Power of Thematic Theory on Chinese Causative Sentence

Xu Changhuo Cao Xia Wang Siyu

[Abstract] Causative sentence is a special sentence structure in Chinese language. Based on a review of existing research on Chinese causative sentence, this paper attempts to make a syntactic and semantic description of this sentence structure under the frame of thematic theory, in order to improve the explanatory power of thematic theory on Chinese causative sentence.

[Key Words] causative sentence; causative words; thematic theory; light verb

使动句作为现代汉语的一种特殊句式,长期以来一直备受语法界的重视和关注,汉语语法学界的许多专家学者(李伯约、向建雄,2006;彭利贞,1996;温宾利、袁芳,2009;等)从不同视角研究现代汉语使动句,相关研究逐步深入。

题元理论(thematic theory)作为转换生成语法的组成部分,是句法和语义的接口,通过题元角色反映句法形式的语义关系。20世纪80年代中期以后,题元理论以及应用该理论对语言现象进行分析已成为现代语言学的一大热点。但在汉语语法研究中,将两者结合分析的相关文献却不是很丰富,且不同学者对题元理论下如何分析使动句具有较大争议。本文拟在题元理论的框架下,总结前人的理论成果,探讨题元理论对于使动句的解释力,旨在抛砖引玉,以求反思与改善现有分析方法,推动现代汉语句法语义研究的深入。

---

① 作者简介:徐昌火,南京大学海外教育学院副教授,南京大学HSK研究中心主任,海外教育学院学术委员会成员,世界汉语教学学会成员,主要从事对外汉语教学研究与HSK研究工作;曹霞,南京大学海外教育学院本科生;王思雨,南京大学海外教育学院本科生。

一

　　使动句是使役句的一种基本句式。使役结构,又叫致使结构或使令结构,是指一个句子中的主要动作或状态,是由宾语产生的,主语只是起了促使这一动作或状态产生的作用。如在句子"妈妈让孩子打水"中,主要动作"打水"是由"孩子"发出的。使役句句子致使的功能大多是通过使役动词来实现的,典型的使役动词有"使、让、叫",等等,这些动词包含着使令、致使、容许、任凭等意义(江蓝生,2000)。对此,吕叔湘先生(1982)很早就作过精辟的论述:"这些动词都有使止词有所动作或变化的意思,所以后面不但跟一个止词,还要在止词后面加一个动词。"这样的使役句称为使动句。另外,还有种使役句不含使役动词,它的谓词有使动用法,这种句子称为役格句(何元建、王玲玲,2002)。如"那件事感动了我"。本文的研究对象,为第一种使役句,即以"使、令、让"等词为代表的有明显标记的使动句,因此不再引入役格句的谈论。

　　关于使役动词的词性,学界一直争论颇多。先看两个例句:

　　　　(1) 虚心使人进步,骄傲使人落后。
　　　　(2) 他让我去北京。

　　例句中"使、让"引导的句式结构以及"使、让"的词性归属曾是汉语界争论的热点问题(杨大然,2003)。由于汉语的词性难以确定,《现代汉语词典》照例没有给"使"等使役词标注词性。不过,在《现代汉英词典》(2001)中,"使"的使役用法被标注为动词。

　　同其他动词相比,使役词很少接受"着、了、过"这些虚词的修饰。因此,有的学者建议把上述使动结构中"使"和"让"归入介词类中,将"使人"和"让我"看作介词短语做状语(张静,1980)。不过,这种观点忽视了在使役句中主要动作是由宾语发出来的,而把使役结构改为介宾谓结构之后,这一动作将变成由主语发出的,会发生语义混乱。"他去北京"同"他让我去北京"这两个句子,去北京的主体是不同的。因而不宜做这样的改动。

　　同其他动词相比,"请、派、命令"这些典型的使动词在语义上还有一个特殊性,它们必须处于使令结构中,否则语义不易自足。例如,光说"命令战士"或者"命令冲锋",听者都要问"命令战士干什么?"或"命令谁冲锋"(刘永耕,2000)。

　　由于具有不受虚词修饰的特殊性,以及必须处于使动结构中的语义不自足的特殊性,使动词应当是一个"重要的语法类别"(吕叔湘,1982),或"动词中的一个次类"(刘永耕,2000),使动词应当划为动词中的一个特殊的子类。因此,在词典中不标注其词性是不足取的,仅仅将词性标注为"动词"或"及物动词"是不够的,应当明确地标注为"使动词"。

二

　　题元角色(或叫"论旨角色")的概念最初是由 Gruber(1965)和 Fillmore(1968)提出来的,其含义是谓项(predicate)的语义特征蕴含的某些固有语义角色,这些角色表示谓项的语义内容所涉及的主体、客体、场所、起点、终点、工具等。题元角色有着不同的称谓,其中包括语义角色、语义关系、格范畴等。通常认为,题元角色是由谓项指派的,谓项与题元角色之间的关系是所表达的事件或活动的参与者之间的关系,因此,其性质是语义的,而非句法的。

题元①理论是生成语法中关于题元角色分派的理论。题元理论的一个基本原则是一个名词只能充当一个题元角色,一个题元角色只能体现为一个名词,二者的关系是固定不变的,虽然每一成分在不同句式中的位置不同,但它和动词的题元关系不变。题元理论要求每个题元角色必须分配出去,且每个名词必须得到一个题元角色,这样既可以解释句子的生成,也可以分析句子是否合法。

题元理论以动词为中心解释句子,由于使动句和使动词的特殊性,如何利用题元理论分析使动句和使动词是一个值得深入探索的问题。

综合现有研究,主要的处理方法有如下两种:

其一,将其归入兼语句,引入空代词 PRO 来解决题元分配问题。

邢欣(1984)把"让"字句看作控制结构,在后动词前设置空代词 PRO,"兼语"做 PRO 的先行词。温宾利、袁芳(2009)提出移动的拷贝理论解释兼语式生成机制。兼语成分 NP 在后动词短语 VP 的主语位置合并,题元角色为施事。由于 VP 没有形成语段,NP 被前动词 V1 的题元特征吸引,它的拷贝在 VP1 的宾语位置合并,充当受事题元角色。当句子的推导式移交到语音部分之后,语链上的最高拷贝以宾格形式被拼读,形成兼语现象。这种分析来源于汉语学界常常将使动句归为兼语句的研究传统。胡裕树(1979)将使动结构归为兼语结构,基本形式为 N1 V1 N2 V2,他指出在兼语结构中,N2 必为 V1 的宾语,并为 V2 的主语。此外,郭姝慧(2004)也指出,带兼语是"使"、"让"、"叫"等典型使役动词的普遍特点。一般语法认为,兼语句中的"V1"跟"N2"是动宾关系,"N2"跟"V2"是主谓关系,兼语短语就是由一个动宾短语和一个主谓短语相套接构成的。

以"公司让他去日本"为例。"让"是个二价动词,它的两个论元分别是 agent"公司"和 patient"他";"去"的论元是【施事,地点】,从意义上看施事应为句中的 NP2"他"。根据传统的做法,这里的"他"要同时担当两类题元。而根据题元准则,每个论元都必须获得一个题元角色,而且只能获得一个题元角色,即汉语界说所的兼语"他"不能同时有两个题元角色,那么句中没有出现的施事是什么呢？邢欣等认为"让"是一个二价动词,它的题元栅为【施事,受事】,句中两个论元都已出现。"去"是一个二价动词,其题元栅为【施事,方位】,在例句中只出现了它的方位,但是没有出现施事。这不符合题元准则,但是句子却是合法的句子。这就说明句子中存在一个隐性成分来满足题元准则,这个隐性成分就是 PRO。在非时态句的主语位置上的空语类被称作空主语 PRO。PRO 经常指宾语 NP2,即句中的宾语"他"。也就是说,通过同宾语同指来获得解释使动句的是合乎题元理论——对应原则的。

其二,引入轻动词进行分析。

这一派以沈阳等为代表,主张引入轻动词后再以题元理论解释使动句。何元建、王玲玲(2002),沈阳、顾阳(2001)等在分析使动句时,引入轻动词的概念,认为"让、使"是轻动词,后面是小句作它的补足语。"使"字句、"让"字句跟作格动词的使役用法有相同的深层结构。

轻动词帮助表达谓语功能,它主要表达语法意义而没有词汇意义,它是表达功能语义的句法手段,比如事件,执行,使役。Grimshaw 和 Mester(1988)认为轻动词虽有赋格能力和

---

① "题元"又叫"论元",在乔姆斯基的一些著作里又被译作"主目",是指承担了题元角色的名词性成分,这种题元所占据的句法位置就叫题元位置或论元位置,论元同时具有句法属性。

曲折变化,却因意义空泛,必须与其他语素结合才具有指派题元角色的能力。在 vP 壳理论中,轻动词是一个非常重要的概念。乔姆斯基(1995)指出轻动词为及物性结构的核心,轻动词"v"和功能语类一样,没有语音形式,也不表达语义内容,由在接口不可解读的形式特征组成。它是将一个动词结构纳入到另一个动词结构中,组成三项谓词结构。三项谓词结构有双宾结构、使役结构等。vP壳上层动词结构的中心词是轻动词,轻动词"v"作为"核心功能语类",只包含在接口不可解读的形式特征,是一个纯句法的构件,不表达任何语义内容,选择"VP"作补语。在句法推导中,动词一样,都作为主动词在"V"处合并;轻动词"v"在成分统制 V 的位置合并。

　　在结构上,轻动词向主语指派题元,谓语动词向宾语指派题元。主语和宾语分别在 vP 和 VP 中。这也是域内题元和域外题元的来源。轻动词一般零形式,谓语动词往往通过移位和零轻动词结合成一体,轻动词的引入可以解释役格句,即没有显著标记的使役句,因此在研究役格句中更为推崇。但轻动词也有非零形式的,使动句就是其中之一,因此不发生移位。以"张三使他生气"为例:

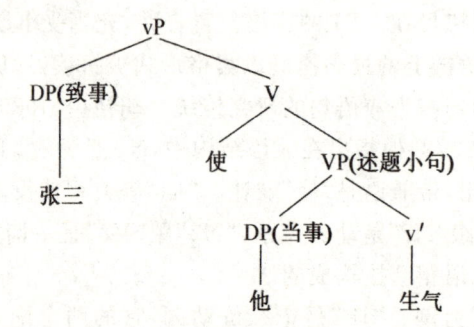

```
              vP
             /  \
         DP(致事) V
          |      /\
         张三   使 VP(述题小句)
                   /    \
                DP(当事)  v′
                  |       |
                  他      生气
```

　　"使"是一个轻动词,使役动词"使"表达的"使役义",使役动词指派两个题元,述题和致事。"使"先向"他生气"指派述题题元,"使他生气"(v′)向张三指派致事题元。使动句的句法结构是使役动词带一个致事做主语和一个述题小句(VP)做补语。

　　这种分析方法与乔姆斯基的一些理论本质上相似。传统认为谓词在深层结构中指派主宾等位置的题元角色,而按乔姆斯基的观点,句子主语的题元角色是由 VP 而不是 VP 的中心成分 V 指派的,只有宾语位置的题元角色由 V 指派;乔姆斯基认为题元角色指派是有层次先后的,即 V 指派了宾语的题元角色后,构成 VP,再由 VP 指派主语的题元角色,主语的位置比宾语的位置高,所以最后指派。

　　通过对比分析,我们不难发现上文所列两种分析方法都各有不完善之处。

　　第一种归于兼语句,首先能否将使动句看做兼语句,学界意见不一。最初传统汉语学界经常将两者等同,但随着研究的深入,越来越多的人认为两者具有本质的不同。杨大然(2003)对使役式与兼语式进行了区分。他指出兼语式(如"我们请他来北京")的谓语动词大都是表实义的致使动词;从题元理论的角度讲,"使、让"类动词只指派施事和命题两个题元角色,而兼语动词如"请"要求选择一个名词性成分作为其受事论元。"使,令,让"作为 V1 时和一般的兼语句中的 V1(请,派)不同。前者不能和 N2、V2 单独组成动宾关系(如"我们使他"在句法上是不成立的)而后者可以(可以说"我们请他")。所以第一种将其归为兼语类似乎不妥。

　　第二种引入轻动词,在解释使役句中的役格句时具有较强说服力,但轻动词理论认为所有动词之前均存在一个轻动词,事件,执行,使役三大意义可以包含所有动词,一般句子也增加所谓隐形轻动词,不免让人怀疑其是否合理,有化简为繁之嫌疑。

三

题元理论是语义和句法的接口,题元角色既是语义角色,同时又具有句法特征。每个句法成分都能对应一个题元角色;在句法层的主语,宾语,状语等句法成分和语义层的施事、受事,与事等语义角色一一对应,体现出语言作为一个系统内部的一致性,且题元角色的划分较为具体细致,这是题元理论的优越之处。

但对于像汉语使动句这样的"N1 V1 N2 V2"句式的句子中的动名语义关系的解释力不足,会出现简化题元角色或者题元角色重叠的情况,陷入为了理论而理论的困境。考虑到现代汉语的语法分析必须重视语义这一学界共识,我们不妨换个思路来看使动句的问题。

从语义结构角度看,使动句包括致使者、致使方式(致使力)、致使对象及其变化的倾向四个构件要素,致使过程始于致使者,致使者影响致使对象使其变化。现代汉语使动句是双重语义结构,分别是致使(cause)语义结构和结果事件(effect)语义结构,结果语义结构包含于致使语义结构,这一点也在句法层面有所体现。因此,对汉语使动句的语义分析也要从"致使"和"结果"这两个语义结构出发,体现层次性。

汉语使动句的主语相当复杂,不仅仅是类似上述的指人的名词或者代词、谓词性短语、介宾短语、主谓短语、小句等都可以做汉语使动句的主语。比如:

(3) 战争使很多人无家可归。
(4) 由于老师的冷落,使他对自己越来越没信心。
(5) 这个叔叔个儿很高,使安琪儿看到的世界与平日不同。
(6) 因为他没考上大学,才使父母这样的难过和失望。

在对使动句进行语义分析时,我们提到过致使者和致使力的作用,单纯地一个致使物无法表达致使的原因和动力,前人的研究也指出,作为致使原因存在的成分,它在语义上表现为一个事件,这就解释了谓词性成分,介宾短语和小句出现在致使句前半部分的原因,并且即使是名词性成分,它也往往隐含了某种事件信息,隐形地表达了某个事件。比如"战争使很多人无家可归"中的"战争"虽然为名词性成分,但是它表达的是"发生战争"这个在时间序列上存在的事件,而非一个单纯的物体,名词性成分作为使役句的主语,实际上是省略了谓词性成分的事件。所以说,这个表示原因或者条件的事件有的是直接表达出来的,有的是间接表达出来的,也就是说致使语义结构不仅包含结果语义结构,还有一个表示原因的语义结构存在。使动句作为"致使"语义概念的一种表达形式,总是包含原因和结果两个语义结构,这两个语义结构有使动词连接,并且这两个语义结构往往表达的是"事件",具有明显的或者隐含的述谓性特征,内部还可以再进行下位语义结构分析。

基于上述讨论,我们认为,考虑到汉语使动词在使动句中的核心地位,不宜将使动词作为轻动词处理;考虑到使动句特殊的句法语义特点,也不宜简单地将N2作为使动词的"受事"。以"公司让他去日本"为例,句子的核心动词是使动词"让",使动事件的直接语义参与者分别是致使者"公司"(可以归为题元"致事")和致使成果"他去日本"(可以归为题元"成果"),使动词"让"指派致事和成果两个题元。位移动词"去"是降级述谓结构"他去日本"的核心动词,降级述谓结构"他去日本"的语义参与者是位移动作的施动者"他"(可以归为题元"施事")和位移动作的目标终点"日本"(可以归为题元"受事")。使动句的句法结构是使动词带一个致事做主语和一个降级述谓结构作宾语。

参考文献

[1] 高明乐.题元角色与题元角色理论[J].现代外语,2003(2).
[2] 顾阳.论元结构理论介绍[J].国外语言学,1994(1).
[3] 郭姝慧."使"字句的成句条件[J].语文研究,2004(2).
[4] 郝斌.再论"配价"和"题元"[J].中国俄语教学,2004(3).
[5] 何元建,王玲玲.论汉语使役句[J].汉语学习,2002(4).
[6] 胡裕树.现代汉语[M].上海:上海教育出版社,1979.
[7] 江蓝生.汉语使役与被动兼用探源.近代汉语探源[M].北京:商务印书馆,2000.
[8] 李伯约,向建雄.使役结构若干问题刍议[J].外国语言文学研究,2006(3).
[9] 刘永耕.使令度和使令类动词的再分类[J].语文研究,2000(2).
[10] 吕叔湘.中国文法要略[M].北京:商务印书馆,1982.
[11] 彭利贞.论使役语义的语形表现[J].语文研究,1996(1).
[12] 彭玉海.题元研究的方法论[J].解放军外国语学院学报,2004(3).
[13] 彭玉海.动词语义与客体题元[J].外语研究,2005(2).
[14] 沈阳,顾阳.汉语合成复合词的构造过程[J].中国语文,2001(2).
[15] 温宾利,袁芳.论汉语兼语式的推导[J].外国语(上海外国语大学学报),2009(5).
[16] 邢欣.论兼语式的深层结构[J].新疆大学学报(哲学社会科学版),1984(1).
[17] 杨大然.现代汉语使动结构的ECM现象研究[J].现代外语,2003(4).
[18] 余小强.题元约束理论与介补结构的题元指派[J].山东外语教学,2004(6).
[19] 张静.新编现代汉语[M].上海:上海教育出版社,1980.

虚义动词"加以"在中高级汉语书面语教学中的偏误分析与教学策略

张 斌 孙 敏[①]

[摘 要] 虚义动词的使用是规范汉语的正式语体中较为常见、极具书面语体色彩的使用方式。学生在学习中如果能较好地理解并运用虚义动词,对于增强学生的阅读能力,提高并规范学生的书面表达有着重要的作用。本文便以"加以"为例,探溯其语源,归纳其在现代汉语中的语义及语用,分析二语教学中产生偏误的原因,探讨该词的教学重点与教学方法。建议教师强调"PP+加以+VP"的常见句式,在指导性词库的范畴下规范学生的中介语书面生成。

[关键词] 虚义动词;加以;书面语;二语习得;教学策略

An Error Analysis of the Delexical Verb *Jia yi* in Written Chinese and Some Teaching Tips

Zhang Bin Sun Min

[Abstract] Delexical verbs are widely used in formal written Chinese. This paper takes the delexical verb "加以" as an example, aiming to explore its L2 teaching methods by tracing its etymology, summarizing its semantics and pragmatics in modern Chinese, and analyzing the causes of errors in L2 learning. It is suggested that teachers stress the common syntactic drill of "PP+加以+VP", and standardize the students' writing by instructional lexicon.

[Key Words] delexical verb; written Chinese; L2 learning; teaching strategy

规范汉语的正式语体(书面语)[②]中,虚义动词的使用是一种较为常见的现象。虚义动词(Dummy Verb,Delexical Verb),指词汇意义明显虚化或弱化的词语。吕叔湘(1980,《现代汉语八百词》)、朱德熙(1985)称为"形式动词",此外还有"虚化动词"、"先导动词"、"无色动词"等多种提法(刁晏斌,2004,《虚义动词论》)。无论何种称谓,此类动词在汉语词类教学

[①] 作者简介:张斌,南京大学海外教育学院讲师,主要研究方向为汉语国际教学、汉语教学与多媒体技术、中国古代音乐、国际汉学;孙敏,南京大学海外教育学院讲师,主要研究方向为汉语国际教学、中国古代绘画、比较文学、国际汉学等。

[②] 在实际教学中,教师常常用"口语"与"书面语"来区分一些词语的语体色彩与语用环境,以方便学生的理解。"口语/书面语"的简单二分法当然不是一种科学的称谓,载体的不同所反映的实际是正式程度与语言交际方式的差异。在本文标题中,笔者所探讨的"书面语",实际上指的是规范汉语的正式语体,为了方便起见,仍然以"书面语"这一约定俗成的称谓称呼之。

中均具有"本身不表示具体的动作行为意义,起着一定的句法和语用"(胡裕树、范晓,1995)的语法功能。既然这类动词本身不具有实义,在以实际交际为主要教学目标的初中级汉语教学中,一般不会出现这类动词,即使偶尔出现也是一带而过。但到了中高级阶段,随着书面阅读的增多,规范汉语中复杂句式与虚义动词便陆续出现,并对学生的学习造成困扰。根据虚义动词的形式与语用,周刚(1987)将之分为"加以"与"进行"两大类①,实际上,从汉语教学的角度来看,"进行"、"加以"是留学生在中级阶段就开始接触、在现代汉语中使用较多也最具生成性的虚义动词。篇幅所限,本文仅以"加以"为例,在阐述语义与语源的基础上,分析其使用规律与常见偏误,探讨其在中高阶段书面语框架下汉语教学中的教学策略。

1. "加以"词义演变与现代用法的简单归纳

1.1 "加以"的词义演变

"V+以"结构为文言的常见形态,"加以"亦然。先秦两汉时期的"加+以"实为两词,多表实意,为"增添、加上"之意。如:

夏,遂还太山,修五年之礼如前,而加以禅祠石闾。(司马迁《史记·封禅书》)②

易京君明识音律,故本四孔加以一。君明所加孔后出,是谓商声五音毕。(《文选·卷十八·马融长笛赋》)

现代汉语"加以"词义与用法的确立在六朝之后,唐宋之间。而其来源为先秦两汉时期多见的"加之以+名词/主谓短语"结构,虽然"加之以"仍可视为"动+宾+介"的结构,但其结构已经较为固定并出现了词语化的倾向③。如:

汉承秦制,用而弗改,故加之以双印佩刀之饰。(《后汉书》卷120,志第30)

加以玩等之诚,闻于圣听,当受同贼之责,实负其心。(《晋书》卷67,列传第37)

唐宋间,书面语中"加之以"中间的"之"出现脱落化倾向,而"加以+VP"的用法则逐渐固化。值得注意的是,唐代文献中,无论是口语色彩浓厚的敦煌变文,还是书面色彩浓厚、多以骈文写就的官方文书中,"加以+VP"都已是常见形态。如:

加以从谏如流,雅好儒术,孜孜求士,务在择官,改革旧弊,兴复制度,每因一事,触类为善。(《贞观政要·政体》)

人民欢泰,叹美其王。天神赞扬,亦皆敬护。加以深崇三宝,重敬佛僧。(《敦煌变文集·功德意供养塔生天缘》)

宋代具有口语色彩的讲史话本《大宋宣和遗事》等几部杂记之中,"加以"的后面也大多由

---

① 根据周刚的分类,汉语的形式动词共包括6个。"加以"类包括加以、给予、给以、予以;"进行"类包括进行、作。
② 本文所有文言例句检索来源于文渊阁《四库全书》电子检索版与北京大学古代汉语语料库。
③ 方环海、李洪民,"X以"的成词过程——以"加以"为例[J],古汉语研究,2011年第4期,31页。

NP 转为了 VP、AP 或短句,同时具有了虚义动词与连词的语用属性。如:

　　加以岁岁灾蝗,年年饥馑,黄金一斤,易粟一斗;或削树皮而食者,或易子而飨者。(《大宋宣和遗事·元集》)

　　因遣人发掘蔡氏父祖坟墓,露其骸骨,加以唾骂。(宋·曾敏行·《独醒杂志》卷七)

延及明清口语为基础写就的小说中,"加以"的用法已与现代汉语基本无异,"加以"之后所出现的绝大部分是谓词结构,已鲜见名词结构。例如:

　　老父盛怒之下,若知娶妓而归,必然加以不堪,反致相累。(《今古奇观·杜十娘怒沉百宝箱》)

　　本来原有昏愦的病,加以今夜神出鬼没,更叫他不得主意,便也不顾别的了,口口声声只要找林妹妹去。(《红楼梦》第九十七回)

古白话与文言文作为现代汉语的两个来源,至今仍然左右着现代汉语的语法与词汇构造(潘国文,2002)①,又以文言的稳定性一直为书面语体提供着大量语法与词汇的来源。从"加之以"到"加以"的历时演变中,我们不难看出该词词义由实到虚的转化,"加以+VP"逐渐成为主流用法,至今保留在汉语书面语中。

1.2 "加以"常见用法归纳

加以在《现代汉语词典》(商务印书馆 2016 年第六版)的释义分为两个词类,分别为:
1. 动词,用在多音节的动词前,表示如何对待或处理前面所提到的事物;
2. 连词,表示进一步的原因或条件。

实际上,从上述对"加以"词义历时演变的论述可知,"加以"之后的 VP 如果扩充成句,"加以"则成为连接小句的连词。由于本文所探讨"加以"作为虚义动词的用法,因此在本文中,"加以"的连词用法不多涉及。如果从汉语教学的角度,结合语料库的用法总结与《现代汉语八百词》的归纳,可以将"加以"的用法简单归纳为如下几条:

1.2.1 加以+NP

在上古、中古汉语的常见用法"加以+NP"结构在现代汉语中虽不多见,但仍有遗存。如:

　　在渠道、促销和定价方面都加以相应的改变,以适应各个子市场的需要。
　　需要对公务员作为权力执行者时的政治权利加以必要的限制。

这一结构中,"加以"之后的 NP 必须是定中结构,实际上是其后的双音节动词②名词化的结果。这类结构中,若将 NP 中的"的"去掉,不影响句意。

---

① 潘国文,汉英语言对比纲要[M],北京语言文化大学出版社,2002。
② 冯胜利先生将这一类动词称为"合偶双音词"。

1.2.2 "加以"+VP

作为虚化动词的"加以",如果根据常见用法加以句型的归纳,可以大致分为如下几个构型:介宾结构、动宾结构。下面分列述之:

介宾结构(PP/Proposition Phrase)+加以+VP

"介宾结构+加以"是现代汉语书面语中"加以"最常见的用法。根据对北京大学语料库的统计,我们归纳出五类最为常见的句式,列之如下:

介宾结构+"加以"常见句式

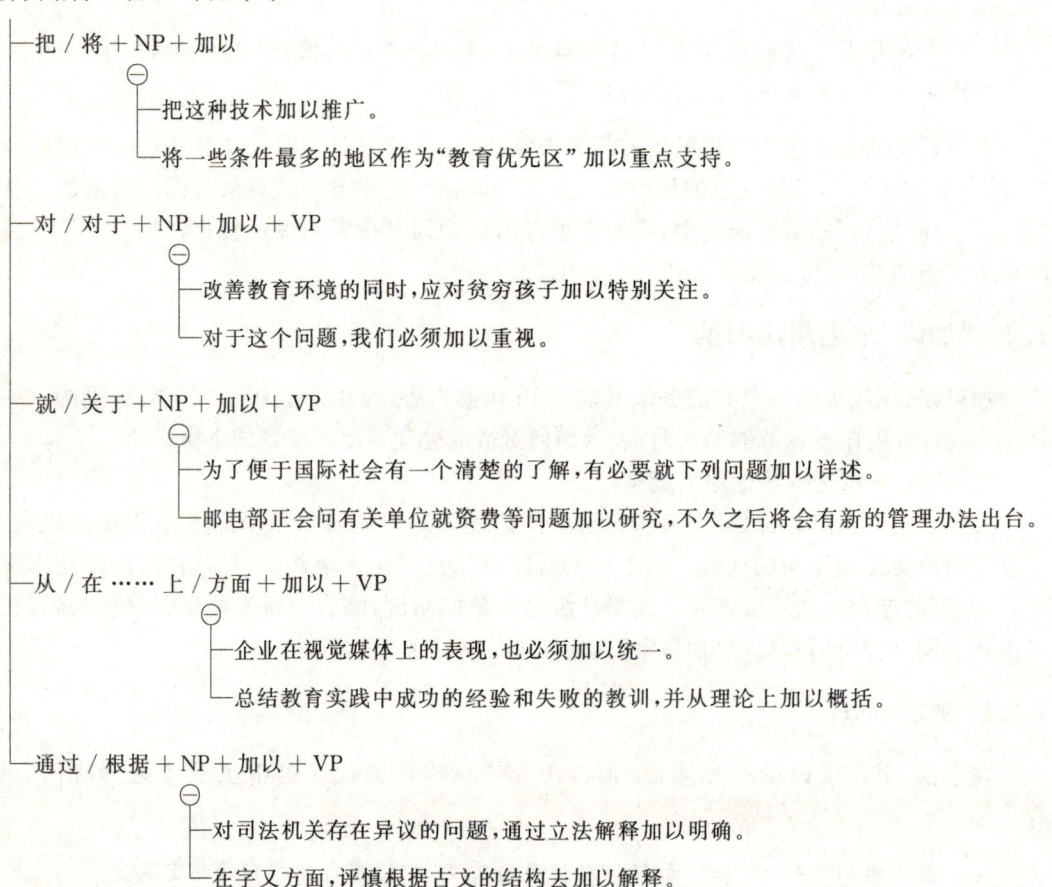

— 把/将+NP+加以
  — 把这种技术加以推广。
  — 将一些条件最多的地区作为"教育优先区"加以重点支持。

— 对/对于+NP+加以+VP
  — 改善教育环境的同时,应对贫穷孩子加以特别关注。
  — 对于这个问题,我们必须加以重视。

— 就/关于+NP+加以+VP
  — 为了便于国际社会有一个清楚的了解,有必要就下列问题加以详述。
  — 邮电部正会问有关单位就资费等问题加以研究,不久之后将会有新的管理办法出台。

— 从/在……上/方面+加以+VP
  — 企业在视觉媒体上的表现,也必须加以统一。
  — 总结教育实践中成功的经验和失败的教训,并从理论上加以概括。

— 通过/根据+NP+加以+VP
  — 对司法机关存在异议的问题,通过立法解释加以明确。
  — 在字又方面,评慎根据古文的结构去加以解释。

上述五种"介宾结构+加以+VP"结构是现代汉语中"加以"作为虚化动词最为常见的用法归纳。

动宾结构(VO)+加以也是常见的用法。在 V_1+NP+加以+V_2 的结构中,可看成 V_1+V_2+NP 结构在书面语框架下的变形,通过这种变化,将更重要的动词放在"加以"后用以强调。如:

有两个问题必须加以说明。
把别的地区的动植物优良品种引入本地区,选择适于本地区条件的加以繁殖推广。

1.2.3 "加以"结构中的修饰性成分

作为虚义动词的"加以"可以接受表示态度、能愿的副词、助动词类的修饰,由于"加以"的词义已经相当虚化,因此修饰成分在"加以"的前后皆可,不影响句意。如:

大家的建议我们一定加以认真考虑。

任何国家不得对在公海中合法航行的别国船舶加以阻碍。

实际上,该结构从语义上讲,修饰的是 VP,而非"加以"。

2. "加以"的课堂呈现

在实际的汉语课堂教学中,具有一定虚词语法功能的虚义动词是一个讲解的难点。因为没有实际意义,而"这些动词在某些场合下是不能随便去掉的,把他们看成可有可无的废物显然是不公道的"[①](朱德熙,1961)。在根据正规出版物词频统计而成的老 HSK 词表(8822)中,"加以"被列为乙级词,可见其在书面语中使用之广泛[②]。在中高阶段的汉语阅读教材中,"加以"都具有一定的出现频率。如何让学生尽可能地掌握该词的用法并能够生成符合规范的、正确率较高的中介语句,是这一类虚义动词教学的主要目的。在下文中,笔者以南京大学海外教育学院中高级汉语课堂教材中"加以"的出现情况与国际学生的中介语偏误为分析对象,探讨"加以"的讲解策略。

在南京大学海外教育学院的中高级课堂中,以综合汉语课堂为例,虚义动词"加以"在正式课文中的出现如表1所示:

表 1

篇目	文本	句式结构
第一课《健身教练陈艳》	和普通的北京人一样,陈艳每天都会准时上班。陈艳工作的地方是一家健身俱乐部,她从事的是私人教练工作,以一对一的形式<u>对</u>会员的健身训练<u>加以</u>指导。	介宾对+NP+加以+V.
第二课《太极拳和瑜伽》	太极拳是中国古老武术的一种,古人把事物的种种变化<u>通过</u>太极拳<u>加以</u>表现,在体现意念控制的同时,达到养生健身的目的。	介宾把+NP1+通过+NP2+加以 V.
第四课《儿子的理想》	人们对很多事物还不了解,例如风、雨、雷、电等自然现象和森林大火、地震、洪水这些自然灾害到底是怎么产生的,人们都无法科学地<u>加以</u>解释。	介宾对 + NP(插入语 parenthesis)+加以+V.

---

① 朱德熙,"加以"、"进行"之类动词的用法[J],新闻战线,1961 年第 3 期。
② 新 HSK1-6 级词汇中没有收录。

（续表）

篇目	文本	句式结构
第三课《千城一面》	对于外来文化和西方建筑，我们不应一概加以拒绝，但吸收是有条件的，要结合我国的实际，结合我们的民族文化。	介宾对于＋NP＋加以＋V.
第八课《虎妈真相》	当小女儿失去信心，放弃努力，花样百出的不肯练习时，虎妈没有失去耐力和冷静，而是目标明确地加以坚持和引导。	Modifier（修饰成分）+加以（连词）+VP.

表1涵盖了南京大学海外教育学院从中级至高级的综合汉语教材文本中所出现的5例"加以"使用情况，其中4例（80%）为PP（介宾结构）+加以的构型，一例为Mod.（修饰语）+加以（连词）用法的构型。就出现频率而言，显然"加以"的介宾结构是学习的重点，也是笔者认为学生应当多加练习的主要句型。

3. "加以"中介语偏误分析

虽然母语使用者对于"加以"的归纳已臻于完善，但当我们将该词导入汉语作为二语教学的课堂时，会观察到大量的中介语偏误。经过比对分析非母语者的"加以"造句的偏误①，结合上文中对"加以"一次在现代汉语中实际用法的分类，我们归纳出如下5类常见偏误类型，举例如下：

1. 因翻译导致的负迁移。

不可否认的是，即使在中高级阶段，母语或翻译导致的负迁移仍然是留学生汉语习得中最为常见的错误之一，"加以"亦然。该词在留学生常用的电子中英词典中多译为"verb: in addition, handle, inflict"，其中第一个义项"in addition"对学生的影响最大，从而在两个并列的NP或VP中使用"加以"，以下3例皆误于此：

① 跆拳道的好处是一个完整的身体锻炼，加以跆拳道可能是攻守兼备，所以
　　　　　　　　VP1　　　　　　　　　　　　　　VP2
非常高效。（中级，韩国）

② 好在有Zumba舞，他是一个融合了动感、易学的动作和间隙有氧运动，Zumba加以节拍和节奏。（中级，意大利）
　NP1　　　　NP2

③ 我现在写加以说。（中级，韩国）
　　　　V1　　V2

上述3个偏误中，VP1、VP2或NP1、NP2，V1、V2都形成了相互说明、补充或并列的关系，而没有实现"加以"作为虚义动词最基本的谓词后置的语法功能。学生一定程度上混淆了"加以"和"加上"。

---

① 本文的中介语语料来源于两个方面：1.南京大学海外教育学院中级（下）学生的作业；2.HSK动态语料库中的偏误。

2. 虽然将谓词后置,但"加以"前后的NP与VP缺乏明确施/受关系。如下4例:

① <u>学生</u>要加以<u>考上</u>。(中级,韩国)
　　　N　　　　　VP
② 如果你对<u>未来</u>努力加以<u>工作</u>,你可以得到提高。(中级,意大利)
　　　　　　N　　　　　　V
③ 要想<u>办法</u>加以<u>解决</u>问题。(高级,泰国)
　　　VP1　　　VP2
④ 把工具用上<u>慢慢调整自己的语言</u>加以<u>表达更标准的汉语</u>。(高级,韩国)
　　　　　　　VP1　　　　　　　　　　　　VP2

中级水平的偏误例1、2中,虽然体现了"加以"谓词后置的特点,但NP与VP均非明确的施/受关系;高级水平的偏误例3、4中,则体现了学生试图以"加以"连词词性生成的尝试,形成了两个存在先后、目的关系VP通过"加以"连接的情况,学生在此混淆了"加以"和"以"。

3. 加以+(不当)NP。

现代汉语中,"加以"之后的直接NP应为名词化的、定中结构(Modifier Phrase+V)的动词短语,非名词化的动词短语不能放在"加以"之后。因而下面两例偏误皆不符合此条的规范:

① 跆拳道是韩国代表加以<u>非常有名的传统武术</u>。(中级,韩国)
　　　　　　　　　　　　　　NP
② 我想"安乐死"的法律化是会实现的,加以<u>条件</u>就行了。(高级,日本)
　　　　　　　　　　　　　　　　　　　　　NP

4. "加以"与VP的不当搭配。

"加以"对其后VP的搭配与音节均有要求,并非所有动词都适用于"加以+VP"结构。VP不适用"加以"结构或不满足双音节要求,也是产生偏误的主要原因,如下2例:

① 我打算每天去运动场跑步,我努力地运动的时候,我觉得减肥的目的加以<u>达到</u>!(中级,韩国)
　　　　　　　　　　　　　　　　　　　　　　　　　　　　　　　　V
② 我昨天加以<u>很多事</u>。(中级,英国)
　　　　　　　　NP

上述偏误中,例1动词"达到"为趋向动词,不能与"加以"搭配;例2"想"不符合双音节动词要求。

5. 语体不当。

"加以"作为书面色彩浓厚的虚义动词,其成句也需要具有正式、庄重的特点,若语体不当,也会形成偏误。如:

① 如果天气变化,原计划必须加以<u>修改</u>,快回家。(中级,英国)
　　　　　　　　　　　　　　　　语体不当
② 政府今年的政策加以<u>考虑考虑</u>。(中级,意大利)
　　　　　　　　　　　语体不当

例中"原计划必须加以修改"本无偏误,而其后"快回家"过于口语,造成语体不当。

4. "加以"的课堂教学策略

在上文的 5 类偏误中,我们可以看出,由于"虚义"特点,"加以"的中介语偏误类型多样,若从偏误中归纳"加以"的教学策略,笔者认为可有如下的重点:

4.1 强调"加以"的虚义性以及宾语前置的特点

学生有可能受翻译或母语的影响,给"加以"赋予了实义(常见混淆"加以"与"加上")因此,在课堂教学中,明确"加以"的虚义特点是必要的。对于留学生而言,"加以"、"进行"、"展开"这一类虚化动词最明显的用法现象是其谓词后置的特点。"真正表示动作的是后面的动词。后面动词的受动者常常在前面。"(吕叔湘,1999,《八百词》)这改变了留学生对于汉语最为常见 SVO 语序的印象,也可以让国际学生体认汉语书面语表述结构多样化的特点。

4.2 强调"加以"介宾结构的生成性。

从学生的生成来看,中高级课文中反复出现的"PP+加以+VP"的结构并不多见,偏误类型多样。另一个侧面印证了课文讲解中对最具生成性的"介宾+加以"结构的强调不足①。因此,在词语讲解与使用层面的常用句型的归纳上,建议教师以本文 2.1 中介宾结构的 5 种常见句式为展示重点,并选择相应句型(例如最为常见的"对/对于+加以+V"与"把/将+NP+加以+V")进行生成性练习。并对其中 NP 与 VP 做如下的规则要求:

1. "加以"前介宾结构中的 NP 须与"加以"后 VP 存在施/受关系。
2. "加以"后的 V 必须满足两个基本条件:a. 及物动词;b. 双音节动词。
3. 核心动词的修饰词放在"加以"前后均可,但不接受补语形式的修饰。

4.3 强调"加以"的书面色彩并给出常用 MP 与 VP 搭配的限定

"现代汉语中'加以'带有'处置'义。又带有较强庄重的语体色彩,多使用于政论、科技与正规函件等正式严肃的场合。"(周刚,1985②)因此,在强调书面特征的前提下,限定"加以"的搭配和修饰成分,是留学生可以正确生成的关键因素。与"加以"搭配动词的限定范围广,变化多,如何限定"加以"的搭配范围,需要语料与词频的科学统计。因此,笔者在统计③的基础上,制定适合留学生的"加以"常用的搭配动词库(表 2),我们以 HSK 词语等级为纵

---

① 实际上,本文引用的《中国人的故事》(中级)与《达标中文》(中高级)两本教材中都缺乏对"加以"详细的句型阐释与操练,因而导致了学生中介语生成偏误的多样化,并由此带来教学效果的难以把握的问题。

② 周刚,"加以"补议[J],汉语学习,1985 年第 3 期。

③ 根据对北京大学 CCL 语料库现代汉语对虚义动词所搭配动词的统计,得出 404 个双音节常用动词(周媛媛,2012,《面向对外汉语教学的现代汉语形式动词研究》),将这 404 个常用搭配动词与新/旧 HSK 词库比对,可得适合留学生学习的搭配词库,即符合 HSK 词汇大纲的"加以"常用搭配词共 286 个,依据新 HSK 词汇大纲的等级分类,其中 1 级词 1 个,2 级词 3 个,3 级词 10 个,4 级词 22 个,5 级词 69 个,6 级词 127 个,若算上老 HSK 词汇表中中级词语(不与新 HSK 词表重叠者),则包含甲级词 2 个,乙级词 8 个,丙级词 18 个,丁级词 25 个。

线,以词频①为横线,将之作为中高阶段留学生书面语的生成指导词库：

表 2

新旧 HSK 词语等级	高频词	中频词	低频词
新1—3/旧甲乙	研究、说明、改造、拒绝、否定、解决、注意	介绍、回答、选择、检查、比较、了解、照顾、推动、应用	帮助、锻炼、解答、会谈
新4—5/旧丙	保护、限制、考虑、解释、发展、讨论、区别、改变、整理、规定、管理、分析、利用、改进、控制、完善、推广、处理、调整、补充、修改、运用、概括	证明、肯定、使用、禁止、支持、教育、调查、原谅、改革、确定、确认、指导、对待、否认、表现、对比、体现、协调、评价、计算、提倡、训练、预防、保存、记录、消灭、集中、装饰、分配、承认、配合、建设、满足、批准、公布、想象、推进、摧毁、改编	湿润、保留、缓解、取消、缩小、统治、实验、诊断、合作、采访、登记、罚款、反应、公开、赔偿、说服、辩论、贷款、辅导、关闭、注册、威胁、询问、优惠、阅读、歼灭、分离、伤害、援助、反击、连接、测试、观测、教导
新6/旧丁	引导、规范、制止、纠正、考察、落实、实施	批判、评论、贯彻、证实、阐述、治理、培养、攻击、弥补、整顿、论证、澄清、创新、抵制、调节、防止、遏制、保障、干预、谴责、惩罚、提炼、注释、排斥、验证、探索、制裁、改良、赞扬、阻挠、评估、逮捕、简化、培育、歧视、合并、描绘、检讨、补偿、鉴别、取缔、分解、崇拜、扭转、清洗、监视、协助、表彰、创作、定义、防治、加工、鉴定、抢救、试验、回避、警告、照料、描述、修订、驳斥、处罚、扩展、审议、劝阻	记载、领会、部署、测量、繁殖、废除、歌颂、抵抗、更正、救济、认定、销毁、压制、指示、摧残、隔离、奖励、追究、安置、呈现、关照、曝光、磋商、搅拌、谅解、调解、处分、跟踪、释放、饲养、慰问、支援、补贴、冻结、奖赏、开采、捆绑、冷却、掠夺、倾斜、申报、收缩、消毒、协商、运算、资助、评定、改建、测定、改组、书写、通报、讲解、补助、回击、警戒、抗衡

表2基本涵盖了现代汉语中常见的"加以"搭配,我们可以在强调"加以"常见句式的基础上,根据学生水平选择相应的词语等级与词语频率,规范学生的中介语生成,提高准确率。

当留学生的汉语水平达到词汇量 3 000—4 000 左右,从中级走向高级的学习阶段时,教师便应当在汉语的阅读课程中引入适当的书面语教学。读写课程教学的重点也应当从侧重交际、侧重任务的沟通技巧转向培养具有一定水平的、较为正式庄重文体的阅读能力与写作能力。"加以"、"进行"、"予以"这一类具有书面语标志性的虚义动词教学也必然成为教师的教学内容之一。虚义动词的习得对克服学生对高级汉语教学中书面语体的陌生感、习得规范汉语的写作能力、增加汉语美感的感知与体认,等等,都不无裨益。本文所述,唯井蛙之见,抛砖引玉,以俟大家。

---

① 在语料库所有例句中,与"加以"搭配出现 100 次以上定义为高频词,10—100 次定义为中频词,10 次以下定义为低频词。

参考文献

[1] 刁晏斌.现代汉语虚义动词研究[M].沈阳:辽宁师范大学出版社,2004.
[2] 方环海,李洪民."X以"的成词过程——以"加以"为例[J].古汉语研究,2011(4).
[3] 胡裕树,范晓.动词研究[M].开封:河南大学出版社,1995.
[4] 吕叔湘.现代汉语八百词[M].北京:商务印书馆,1999.
[5] 潘国文.汉英语言对比纲要[M].北京:北京语言大学出版社,1997.
[6] 周刚."加以"补议[J].汉语学习,1985(3).
[7] 朱德熙."加以、进行之类动词的用法."[J].新闻战线,1961(3).

社交平台 Storify 与汉语语言文化的协作学习
Promoting Collaborative Learning of Chinese Language and Culture Using Storify

(USA) Hong Li[①]

[Abstract] Social media platforms have been used widely and effectively in language teaching and learning. This article introduces a student project using Storify, a lesser known media, in an advanced Chinese course for heritage speakers. It discusses the design and assessment of the project, while examining the role storytelling on social media plays in the development of students' language proficiency and cultural understanding as well as critical thinking skills.

[Key Words] social media; storify; storytelling; heritage speakers

In recent years, students in colleges and high schools are becoming impressively proficient at using social media sources such as YouTube, Twitter, Facebook, and Tumblr. As they eagerly share their lives online, social media sources are also being incorporated in formal classroom settings for the teaching and learning of foreign languages. Through YouTube videos, Flickr images, or online posts, authentic language materials on social media have been integrated into the Chinese language curriculum. This paper introduces a group storytelling project on Storify (www.storify.com) that was completed in a third year Chinese course at Emory University. The paper explores the effectiveness of social media in the teaching and learning of Chinese language and culture. It argues that this type of multimodal projects cultivates an active and collaborative learning environment and facilitates the development of learners' knowledge of Chinese language and culture.

1 What is Storify?

Storify is a free online storytelling tool. There are countless posts, tweets, videos, and images online, and keeping up with everything posted on social media is an unrealistic task. Storify allows internet users to sort and collect information into one place. On Storify, users can search multiple social media streams such as Facebook, Twitter, Flickr,

---

[①] 作者简介:Hong Li,李红,美国爱默雷大学教师,研究方向为对外汉语教学。

YouTube, and Instagram, and then create new stories by pulling together the public content found on any or all of them.

Storify has been widely used by journalists and educators of journalism. News websites routinely use Storify to capture breaking news and highlight discussions on social media. Journalism educators have been using it to organize readings, create multimedia course content, and teach students how to curate social media. As Fincham puts it, "The tool, which lets users pull together content from various social networks to tell stories, is a one-stop Web publishing shop for even the most technophobic educator." (Poynter.org)

2 A Storytelling Project on Storify in an Advanced Chinese Course

While teaching Advanced Chinese for Heritage Speakers (CHN303), I assigned a mid-term group project that requires students to curate a themed story on Storify about a social, cultural, or political topic. Students in this course have taken two intensive courses of Chinese for heritage speakers or have demonstrated their proficiency level by means of a placement test.

2.1 Teaching and Learning Goals

CHN303 is the third (advanced) course in the heritage track of the Chinese program at Emory University. Students possess advanced Chinese proficiencies, particularly in speaking and listening. As HL (heritage language) learners, they "need to increase their sociolinguistic sophistication, and need to upgrade their HL proficiency from that of a child in an intimate or informal family situation to an age-appropriate academic level and register." (Li, 2008:22) This course aims to further develop the total range of their linguistic and cultural competencies through reading and analyzing texts of different genres and styles.

Considering the learning goals of this course, I designed a mid-term group project in which students used Storify to create stories on aspects of Chinese culture and society. This project engaged students in active learning through a comprehensive range of learning activities including reading, analyzing and synthesizing information, writing, and presenting. The goals of the project were to promote sophisticated language production and enhance students' socio-cultural understanding.

2.2 Project Description and Requirements

Students worked in groups of three. Each group produced a Storify story on a cultural, social, or political topic of their own choice. Stories generated and presented by students included The Battle of Red Cliff: Why Cao Cao Lost（赤壁之战：曹操为何战败）, Sister Furong: China's Web Icon（芙蓉姐姐，中国网红）, Hong Kong Businessman Offers Up Millions to Find Husband for Lesbian Daughter（香港富商豪掷 5 亿港币为同性恋女儿

招亲),The Mid-Autumn Festival: History, Changes, and Future(中秋节的历史,变化与未来). A list of selected stories and URL are in the Appendix.

After deciding on the topic collectively, students followed the steps below to curate their stories.

- Phase One—Preparation. A training session on using Storify was conducted by an Educational Analyst at University Technology Services prior to the beginning of the project. Students set up accounts on www.storify.com. They began gathering original contents (assets) by combing through media sources, including tweets, news reports, YouTube videos, photos, Weibo posts, etc. At least 20 assets must be included. Among them there must be a minimum of three blog posts on Weibo, three tweets, three videos, three images, three news reports from China and three news reports from outside of China (either in English or Chinese).
- Phase Two—Analysis and writing. Students organized assets and edited the contents in the sequence in which the stories were told. Additionally, each group was required to write least five paragraphs of transitional texts to tie the storyline together. Finally, a critic or evaluation of the story in no less than 700 characters was required at the end of each story.
- Phase Three—Presentation and reflection. Each group was given 15 minutes to present their story to the class. Each member of the group submitted a one-page personal reflection on this project including his/her participation within the group, details about the group experience, the effectiveness of Storify, and how the project impacted his/her Chinese language development. An online survey was also conducted.

2.3 Timeline

The project was completed in approximately five weeks, from mid September to late October in a fall semester. Detailed schedule is as follows.

Week 1	Instructor preparing sample story on Storify, students receiving, training, signing up on Storify, forming groups, deciding titles
Week 2	Researching and gathering assets, organizing assets
Week 3	Writing narrative and essay, receiving feedback on writing
Week 4	Completing story on Storify, links emailed to course Blackboard
Week 5	In-class presentation, personal reflection, survey

2.4 Assessment

The stories on Storify were evaluated based on the following rubric.

Categories	Details
Storytelling 30%	Contents and Story development • Have a clear topic • Information is rich and supports topic • Interesting
	Pronunciation and Speaking • Speak clearly, loudly, in cohesive paragraphs • All students have important parts and are well prepared
Critique 30%	Contents • Issues clearly stated • Focused and well supported
	Grammar and vocabulary usage • Use sentences that are at the level of your proficiency • Use written style vocabulary extensively
Meeting the minimums 20%	Have a headline, no less than 20 assets, five paragraphs of texts, and a critique of at least 700 characters. You must send the link on time.
Quality of story 20%	Editorial judgment and quality of assets (images, videos, music, sound, etc.)

2.5 Students' feedback

A survey was conducted online to gauge students' feedback on this project. 38 students took the survey. Results are summarized below.

Rate the following statements about your learning and skill development through the mid-term project.

No.	Statements	\multicolumn{5}{c	}{Scale (1=strongly disagree; 3=agree; 5=strongly agree)}	% of 3~5 (Agree)
		1	2	3	4	5	
1	I was able to develop reading skills when browsing media resources.	7.9% (3)	10.5% (4)	28.9% (11)	42.1% (16)	10.5% (4)	81.5% (31/38)
2	I was able to develop cultural knowledge on the subject that I chose.	13.2% (5)	7.9% (3)	13.2% (5)	42.1% (16)	23.9% (9)	79.2% (30/38)
3	I was able to develop writing skills by writing the midterm narrative and critique.	7.9% (3)	10.5% (4)	15.8% (6)	47.4% (18)	18.4% (7)	81.6% (31/38)
4	I was able to develop speaking and listening skills through the in-class presentations.	7.9% (3)	7.9% (3)	21.1% (8)	50.0% (19)	13.2% (5)	84.3% (32/38)

(续表)

No.	Statements	Scale (1=strongly disagree; 3=agree; 5=strongly agree)					% of 3~5 (Agree)
		1	2	3	4	5	
5	I had to use critical thinking skills to complete this project.	2.6% (1)	13.2% (5)	15.8% (6)	47.4% (18)	21.1% (8)	84.3% (32/38)
6	Creating a Storify project was easy and intuitive.	10.5% (4)	18.4% (7)	21.1% (8)	36.8% (14)	13.2% (5)	71.1% (27/38)
7	I found this to be a valuable project to create.	5.3% (2)	18.4% (7)	18.4% (7)	39.5% (15)	18.4% (7)	76.3% (29/38)

Below quotes comments from students' reflection essays:
- "Through the process of doing this project, my personal Chinese speaking, reading and writing skills have greatly improved due to the extensive use of Chinese needed to create the project. Because I did most of the proof reading and wrote the discussion, I feel that reading and writing aspects of my Chinese improved the most."
- "I think Storify is a useful tool for education—it simplified the storytelling activity while combining with technology. It is essentially the next generation of storytelling. I was very impressed with its function and could see myself using it in the future. Overall, I highly recommend Storify for students to use, as it is a powerful storytelling tool."
- "This project has definitely helped my learning of the Chinese language and culture... Storify seems to be a very good tool. It is easy to utilize and very convenient as one can compile various different sources into one place while having it still look organized and professional. Because it is capable of displaying all kinds of popular social media websites, it is versatile enough for even the advanced language courses."

3 Discussions

In the teaching of foreign languages, course contents are increasingly presented in multimodal, interactive, technology-mediated, e-learning format (Birch & Sankey, 2008). Literacy research continues to explore how multiple modalities influence the literacy development of our students. In the proposal for a blended learning model, Piccano points out that "multiple intelligences and mental abilities do not exist as yes-no entities but within a continua which the mind blends into the manner in which it responds to and learns from the external environment and instructional stimuli. Conceptually, this suggests a framework for a multimodal instructional design that relies on a variety of pedagogical techniques, deliveries, and media."(Piccano, 2009:116) Mayer (2003) contends that students learn more deeply from a combination of words and pictures than from words alone; known as the "multimedia effect". Reflecting upon the Storify project, I feel that its strength lies in its ability to engage students in active language and culture learning in multiple modalities. For each of the stories, students researched materials in texts, videos, images. They had to use linguistic, visual and audio modes to find information and analyze contents. Creating their own stories was a knowledge-building and knowledge-application process in which students explored the interconnectedness of multiple domains, exchanged information, and collaborated with their peers. In terms of language learning, the survey data, with over 80% agreement to statements 1, 3, 4 and 5, demonstrated that this type of multimodal learning was effective in developing students' reading, writing, speaking and listening skills. Additionally, since the topics of the stories were based on aspects of the Chinese culture and society, the project engaged students in active exploration of Chinese cultural topics. Nearly 80% of the students felt that this project helped them develop their cultural knowledge on the subject they chose. Below are some comments in their reflection essays:

- "I have learned a somewhat innovative Chinese language, the internet language, through narrating and using sources to best describe the story."
- "We all worked together in collecting assets both from our personal experience at the Chinatown and also from online sources. Working with others, better students also helped me understand how to write better. Reading their work as well as reading Chinese articles helped me with my reading abilities as well."
- "The project has definitely helped my learning of the Chinese language and culture. While I was aware of the battle of the Red Cliff, my knowledge mostly stemmed from watching hours of popular films and putting together bits and pieces of Chinese folktales. Having had the chance to actually research on and present our topic, I was able to walk away with a very clear understanding of what took place. Having to shift through the Chinese sources forced me to sit down and read through some of the more difficult texts, which improved my Chinese reading and comprehension skills. With that, I was able to express myself better in writing. I found that I wrote with more ease as I was nearing the end of our written analysis."

Another significant result is that students overwhelmingly (84.2%) agreed that they used critical thinking skills in completing this project. I believe that students benefit greatly by using critical thinking skills in their learning of Chinese language. Firstly, thinking critically is the first step in elevating their Chinese proficiency "from that of a child in an intimate or informal family situation to an age-appropriate academic level and register."(Li, 2008:22) This assignment required students to conceptualize an important cultural or social issue and express their thoughts both orally and in writing. When they think critically about the issue at hand, they also make an effort to express themselves using the language at the appropriate level. This makes the learning of language more meaningful to them. Secondly, to think critically when completing this project means that learners must evaluate events or ideas in multiple domains. This process of evaluation has the potential of enhancing their understanding of the issues in Chinese culture and society. This is evident in the survey result for statement 2, in which over 79% of the students felt that they developed their cultural knowledge on the subject they chose.

Storify, the e-platform for this project, is a story-building tool in the realm of social media. For this assignment, students generated stories by weaving media information and their own thoughts into cohesive narratives. The stories were shared with fellow students and could be critiqued by anyone for any aspects of it, including language, content, as well as veracity of the sources. This makes learning an active, collaborative and social activity. Additionally, Storify is easy to utilize and very convenient to use. Below are some comments by students:

- "I believe that Storify should continue to be used because by implementing various forms of social media, it lets students write a story which is better-rounded and complete when compared to traditional forms of storytelling such as Power Point slides or a movie created by iMovie."
- "It (Storify) is easy to utilize and very convenient as one can compile various different sources into one place while having it still look organized and professional. Because it is capable of displaying all kinds of popular social media websites, it is versatile enough for even the advanced language classes."

Having discussed a number of positive outcomes of this project as well as advantages of Storify, we should consider a number of limitations. First, the fact that some students did not agree with the statements in the survey poses the needs for improvement in project design. One student pointed out that the time allocated for presentation was too short for them to comment and ask questions. Several students suggested using class time to prepare for this project due to their diverse and busy schedules. Storify, though convenient and easy to use, does have a few drawbacks. One student mentioned that personal assets had to be uploaded to another website before they could be included on Storify. Another student pointed out that Storify only allowed "linear layout, meaning that text could only be over or under an image, but not next to it."

Besides issue of logistics, this project does notassess the learning outcome of students in relation to their different learning styles. Research suggests that multimodal presentation of content can potentially cater more effectively to the different learning styles of an increasingly diverse student body. (Sankey, Birch & Gardiner, 2010) Although the connection between multimodal learning and learning styles is not assessed in this project, it could be explored in future projects involving the use of Storify.

4 Concluding Remarks

This paper described a mid-term group project for an advanced Chinese class for heritage speakers at Emory University. While observing several areas for improvement, this project has a positive impact on student learning. Considering the learning goals for this course, telling social stories on Storify facilitated the development of students' language proficiency and cultural understanding as well as critical thinking skills.

References

[1] Birch, Dawn, and Michael Sankey. "Drivers For and Obstacles to the Development of Interactive Multimodal Technology-Mediated Distance Higher Education Courses." *International Journal of Educational Development using ICT* 4.1 (2008): 66-79.

[2] Finchuam, Kelly. "4 ways journalism educators are using Storify as a teaching tool." Poynter. org. Web. April 20, 2013.

[3] Li, Duanduan, and Patricia A. Duff. "Issues in Chinese Heritage Language Education and Research at the Postsecondary Level." *Chinese as a Heritage Language: Fostering Rooted World Literacy*. Ed. Agnes Weiyun He and Yun Xiao. Honolulu: National Foreign Language Resource Center, 2008: 22-36.

[4] Mayer, Richard E. "Elements of a science of e-learning." *Journal of Educational Computing Research* 29.1 (2003): 297-313.

[5] Picciano, Anthony. "Blending with purpose: The multimodal model." *Journal of the Research Centre for Educational Technology* 5.1 (2009): 4-14.

[6] Sankey, M., Birch, D. & Gardiner, M. "Engaging students through multimodal learning environments: The journey continues." *Curriculum, technology & transformation for an unknown future. Proceedings ascilite Sydney* 2010. Eds. C. H. Steel, M. J. Keppell, P. Gerbic & S. Housego. 852-863. http://ascilite.org.au/conferences/sydney10/procs/Sankey-full.pdf

Appendix: List of selected stories

Title of Story	URL
Liu Xiang: A Hero? (刘翔:英雄还是……?)	http://storify.com/xiaowen/story
The Battle of Red Cliff: Why Cao Cao Lost (赤壁之战:曹操为何战败)	http://storify.com/CHN303G3/story
Sister Furong: China's Web Icon (芙蓉姐姐,中国网红)	http://storify.com/CHN303GROUP1/story
Hong Kong Businessman Offers Up Millions to Find Husband for Lesbian Daughter (香港富商豪掷5亿港币为同性恋女儿招亲)	http://storify.com/chn303/5? utm_medium ＝ sfy. co-twitter & awesm ＝ sfy. co_c9Zs & utm_campaign ＝ & utm_content ＝ storify-pingback & utm_source＝direct-sfy. co
The Mid-Autumn Festival: History, Changes, and Future (中秋节的历史,变化与未来)	http://storify.com/chinese303/story
Chinese New Year—A Festival for All Chinese People (属于所有华人的节日——春节)	http://storify.com/katherineguo76/chinese-new-yeark

浅议留学生古汉语语法教学

张全真[①]

[摘　要]　由于留学生的语言背景和汉语水平与母语者的差异,留学生与母语者的古汉语语法教学存在着一定的差异。本文主要讨论留学生古汉语语法教学的主要内容和教学方法。文章由两个部分组成:一、参照国内几种较为通行的古汉语教材中语法项目的设置,讨论了留学生古汉语语法教学中的几个侧重点;二、结合具体的课堂实践,探讨了古汉语语法的教学方法和教学技巧。

[关键词]　留学生;古汉语语法;语法教学

Teaching International Students Ancient Chinese Grammar

Zhang Quanzhen

[Abstract]　Ancient Chinese grammar should be taught differently to international students and native speakers because of their different linguistic background and language proficiency. This paper discusses the methods of teaching international students ancient Chinese grammar. Sorting out a few important and difficult grammar points in popular textbooks of ancient Chinese, this paper then discusses a few methods and skills for teaching ancient Chinese grammar in classroom.

[Key Words]　international students; ancient Chinese grammar; Chinese as a second language

王力先生(1980)曾专门讨论过古代汉语教学中"语法的分量问题",指出"古代汉语问题,主要是词汇问题。学生读不懂古书,很少是由于不懂古代语法,在大多数情况下,是由于不懂古代的词义。我们如果大量讲语法,占用了讲解古文的时间,那就是舍本逐末。何况学生在学古代汉语以前已经学过现代汉语,我们如果把古今相同的语法重复一次,学生会感到浪费时间,教学效果不会好的"。这种观点对国内古汉语教学界的影响很大,限于课时,围绕词义训释的教学内容通常是古代汉语教学的重点。

不过在我们实际的教学中,却发现留学生对古汉语语法的教学普遍比较重视。笔者(2015)曾对南京大学选修古代汉语课的留学生进行调查,被调查的47名学生无一例外都表示语法教学和词汇教学同样重要,是古代汉语教学中的不可或缺的内容。甚至访谈中有个别学生建议课堂中应更加侧重于语法讲解并加大语法练习量。

[①]　作者简介:张全真,南京大学海外教育学院副教授,研究方向为对外汉语教学语法、汉语历史语法、汉语教学史。

留学生的诉求与王力先生阐述的差异在一定程度上反映出对留学生的古汉语语法教学与传统的对母语者的古汉语语法教学的不同,这种不同决定了两种教学在内容上和方法上理应存在着一定的差异。在具体的教学实践中,我们也发现留学生对传统的古汉语语法教学体系比较难以适应,特别是对一些传统的语法术语理解起来较为困难,比如"取消主谓独立性"、"使动用法"、"意动用法"等。这也启发我们思考针对留学生的古汉语语法教学在内容选取上有哪些特殊性,对留学生古汉语语法教学的重点有哪些,应该如何进行古汉语语法的教学等现实问题。

针对这些问题,本文拟借鉴现有的古汉语语法教学内容,并结合具体的教学实践,从留学生古汉语语法教学内容的选取和课堂教学的方法两个方面展开讨论。

1 留学生古代汉语语法教学的内容

目前国内留学生古汉语语法教学借鉴最多的还是母语者的古汉语语法教学内容。母语者的古汉语语法研究始于《马氏文通》,是西学东渐的产物,传统的"小学"是不讲语法的。自从张世禄先生等(1984)提出应该建立古代汉语语法教学体系后[①],20世纪90年代中期起,《中国语文》展开了关于古代汉语语法体系的大讨论,郭锡良(1995)、向熹(1996)、高小方(2000)等都曾对国内现有的古代汉语语法教学体系发表过自己的看法。这些讨论对规范古汉语教材中的语法教学观念、语法术语等起到了重要的作用,直到今天对我们的留学生古代汉语语法教学仍有着很好的借鉴意义和指导作用。也影响了近年来一些古代汉语教材的修订和编著。

为了更好地借鉴国内已有的古汉语语法教学的体系,我们选取目前较为通行的七种古代汉语教材中现有的语法教学内容进行了统计[②]。将教材中单列的(以"节"以上形式出现)至少在两种以上的教材中出现的语法项目统计制成图表(见下页)。

从中可以看出,现行的古代汉语教材中的语法编排相较于王力的《古代汉语》呈细化的趋势,各类教材中大都会涉及的语法点一般包括词类活用、古代汉语的判断句和被动句、介词和连词等虚词的用法、词序(语序)等。对留学生教学来说,哪些语法点是需要着重讲解的,哪些是可以略讲的,哪些在讲解过程中需要进行变通,这些是我们着重考虑的问题。

根据我们的教学经验,对留学生的古代汉语语法教学大概可以侧重以下几个方面。

[①] 《文汇报》1984年2月20日,转引自张海鹰(1997)。
[②] 20世纪50年代以来,国内出版了三十多种古代汉语教材,我们选取其中使用范围较广,近年来仍有修订的较为易得的七种进行统计分析。七种教材分别为:《古代汉语》(校订重排本)(一、二、三、四册),王力主编,中华书局,1999年第5版;《古代汉语》(修订本)(上、下册),郭锡良、唐作藩、何九盈、蒋绍愚、田瑞娟编著,商务印书馆,1999年;《古代汉语教程》(修订本)(上、下册),张世禄主编,复旦大学出版社,2000年第二版;《古代汉语》(上、下册),许嘉璐主编,高等教育出版社,1992年;《古代汉语》,高小方主编,江苏教育出版社,2003年;《古代汉语》(修订版)(上、下册),胡安顺、郭芹纳主编,中华书局,2007年;《古代汉语》(第二版)(上、下册),易国杰、黎千驹主编,高等教育出版社,2011年。

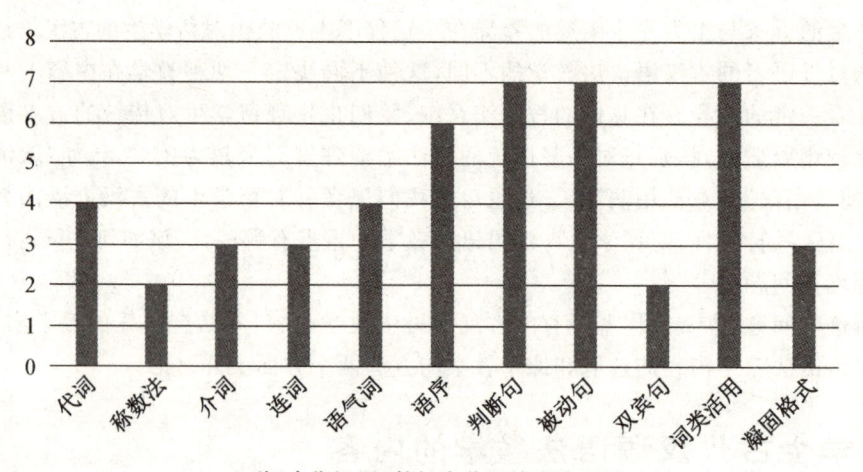

7种《古代汉语》教材中共同的语法项目

1.1 语序(词序)

留学生来自不同的国家,有着不同的语言背景,对古代汉语和现代汉语语序的差异较为敏感。向熹(1996)曾专门讨论"宾语前置和倒装"的问题,指出古代汉语语法中常用的宾语前置的概念大约来自马建忠"止词先乎动字者,倒文也"的观点①。他批评了有些学者把"宾语前置"也看作一种倒装。并且指出"现代学者大都认为上古汉语的宾语有两种位置,一在动词前,一在动词后,都是历史发展的结果,属于正常词序"。高小方(2003)《古代汉语》教材中用"前宾语"代替"宾语前置"的术语。目前大部分教材也采用了"宾语的位置"作为章节的标题是观念的进步,但国内传统的古汉语教学中,很多教师仍在使用"宾语前置"的概念。

在留学生古汉语语法教学中,最好不要使用"宾语前置"这样现代人先入为主的观念,客观地介绍古代汉语中宾语的位置,对留学生来说,反而更加容易理解。在具体讲解中,可以借鉴各类教科书总结出的宾语在前的一些条件,如"疑问代词代词做宾语时"、"否定句中代词做宾语时"和"宾语用代词复指时"等情况,并将其与一般的语气倒装相区别。

除了"宾语的位置"外,介词结构与现代汉语位置的不同也是可以着重讲解的方面。如"鲁穆公使众公子或宦于晋,或宦于荆。"(《韩非子·说林上》)"假人于越而救溺子"(同上)都是可以着重分析的例子。

1.2 句式

各种古汉语教材中句式的介绍一般包括"判断句"和"被动句",有些教材还有"双宾句"的部分。王力《古代汉语》关于"疑问句"、"否定句"和"叙述句"的部分,其他教材多打散到虚词或语序的部分了。

针对留学生的教学,建议在判断句、被动句、双宾句等句式的基础上,增加比较句,一方面由于现代汉语中还有"大于"、"小于"等词法的残留,另一方面不同语言背景的留学生对语

---

① 转引自向熹(1996)文。

序较为敏感。古代汉语中的比较结构"A＋形容词＋于＋B"虽然保留在现代汉语中,但与现代汉语"比"字句语序殊为不同,还是可以着重介绍。

1.3 虚词

关于虚词的教学,不必系统地专门讲述,可以结合词义解释,着重介绍一些常用的介词、连词和语气词。如连接两个动词性成分的"而"、"之"、"所"这些在现代汉语中还普遍保留的成分。

而,作为连词,在古代汉语中连接两个谓词性成分,其中又以动词性成分居多,与现代汉语中"和"多连接两个名词性成分形成鲜明的对比。

之,在讲解中应该避免"取消主谓独立性"这样艰涩的术语,直接跟学生分析,主语和谓语之间加入"之"后,这个结构就从谓词性变为体词性,从而可以充当句子的话题(主语)或宾语了。可以配合层次分析的方法,让学生更加明了。

所,不少现代汉语语法书将其列为"助词"或"结构助词"。郭锡良(1995)曾讨论过王力先生为什么不把"所"列为"助词"的原因。他指出自《马氏文通》起就把"所"看作"代词",王力《古代汉语》中的解释为:"'所'字,也是一个特别的指示代词,它通常在及物动词的前面和动词组成一个名词性的词组,表示'所……的人'、'所……的事物'。'所'字所指代的一般是行为的对象。"在我们具体的古汉语教学中,我们认为,以王力先生的"指示代词"来标注"所"是最容易向留学生解释清楚的,也是对古代汉语中"所"最恰如其分的语义诠释,后文还将提及。

1.4 词类活用

郭锡良(1995)曾批评"把非活用说成活用"、"把兼类说成活用"和"颠倒本用和活用的关系"等做法。在对留学生的古代汉语法讲解中,最好要说明古代汉语中词语本来的词性,这样可以明确古今区别,并让学生知其所以然。课本中按照生词的实际用法标注词性,这样可以帮助他们的理解。

比如"雨",本来既是动词,又是名词。"今日不雨,明日不雨,即有死蚌。"(《战国策·燕策》)这里直接标注动词即可。

又比如"鼓",从造字法看本义是动词,没有必要解释为"名词活用为动词"。"填然鼓之,兵刃即接。"(《孟子·梁惠王上》)直接解释为"鼓,动词,打鼓"更为确切。

对于传统的词类活用的解释,如"左右欲刃相如"(《史记·廉颇蔺相如列传》)中的"刃",可以标注"动词"或"名词的动词用法","用刀砍杀"的意思。

1.5 固定格式

古代汉语中有些固定的格式和结构,从语块学习理论来说,可以专门抽出,如"以……为(以为)"、"有……者"、"惟……"、"不亦……乎"、"奈何"、"若何"、"所以"、"是以"等结构,都具有很强的生成性,学生学习后,往往可以举一反三。

至于目前教材中涉及的"句子成分的省略"、"实词的前后缀形式"、"副词"等内容,大概无须专题讲述。当然不同的问题需要不同的处理,如"句子成分的省略"如果能结合具体文章讲解,在帮助学生理解的过程中,补出句子省略的成分即可;而实词的前后缀或准前后缀,有些高频率出现,如"然"、"者",在具体的文章中解释,适当拓展即可;还有些仅出现在某些文献中,大约可以当作词汇问题来处理,如"有"、"言"等。

限于现行的古代汉语课程的课时数,成体系的语法讲授是不可能的。留学生多是先学现代汉语语法,然后才学古代汉语语法,又往往习惯于跟各自母语相互联系和对比,很多时候对语法的感知比母语者更为敏感,这些特点就启发我们古代汉语课堂上语法点的选取可以把握两个原则:一是让学生感受差异,体会古代汉语的特质,着重讲述古代汉语与现代汉语相比差异大的部分,如语序的不同等;二是着重讲述古代汉语保留在现代汉语书面语中的部分,这样可以帮助学生更深入理解现代汉语中类似的用法,做到古为今用。

2 留学生古代汉语语法教学的方法

广义的古代汉语语法的教学方法,应该也包括教材中语法体系的设计编写、语法点的注释方式、课堂的讲解及练习的设计等问题。由于教材中语法内容的编写、语法点的注释乃至练习的设计是比较复杂的问题,可以列入专门的教材编写研究,本文不多赘述。

其实语法点选取的角度往往决定了教学切入的角度,古代汉语语法的教学方法和技巧又与教学的内容有着密切的关联。下面将结合简单举例说明留学生课堂教学中可以采用的相关方法和技巧。

2.1 对比的方法

(1) 对比古代汉语与现代汉语中相关联的语法项

对比古代汉语与现代汉语中相关联的语法点,可以帮助学生了解古今汉语语法发展变化的规律,加深对古代汉语和现代汉语两者之间关系的理解,特别是对现代汉语中保留的相关书面语的接受。例如:

① 比较句

在讲解古代汉语的比较句时,可以启发学生先思考现代汉语中的"比"字句怎么说?将"A+比+B+W"的格式和"A+W+于+B"同时列在黑板上,将"(民)多于邻国"(《孟子·梁惠王上》)翻译为"人民比邻国多",同时拓展现代汉语中依然保留的"多于"、"大于"、"小于"等固定格式。让学生体会现代汉语中的特点,指出"W"由于位于介词结构之前,其长度受到限制,往往以单音节词为主,而"比"字句的结构使得"W"可以自由拓展,所以现代汉语中"多"出现在"比"字句末尾可以表述为"多得多"、"多多了"、"多一些"等。

② 宾语的位置

结合课文的讲解,可以首先举例"我谁欺?欺天乎?"(《论语·子罕》)这个兼有两种语序的句子,让学生感知古代汉语宾语的位置跟现代汉语中不同的情况,既存在宾语在前的语序,也存在宾语在后的语序,不过后者是更常见的。最好不要采用"宾语前置"的术语。接下来,可以举例说明哪种情况下宾语可能在前。如:

子曰:"不患人之不己知,患其不能也。"(《论语·宪问》)(代词宾语在动词前)

方此之时,尧安在?(《韩非子·难一》)(疑问代词宾语在动词前)

然子何为出使乎?(《晏子春秋·内篇杂下》)(疑问代词充当介词宾语在介词前)

但不建议一次性地列举所有的情况,比如"之"、"是"等代词做宾语在动词前的例子。可以结合"惟……之/是"等固定结构的讲解进行,最好不要过多拓展,以免造成学生记忆和理解的负担。

讲解的过程中,可以联系"如何"可以说成"何如"以及"唯利是图"、"时不我待"等成语结构的分析,以便加深学生的印象。

③ 于

每个语法点的出现最好选取课文中相对集中的篇目进行讲解。如《韩非子·说林上》中"远水不救近火"一节,出现"宦于晋"、"宦于荆"、"假人于越"、"取水于海"等结构,如果翻译成现代汉语,"在晋做官"、"在楚做官"、"从越国借人"、"从海里取水",会与古代汉语的语序形成鲜明的对比,可以举现代汉语中"位于"、"坐落于"、"出生在"、"生于"、"毕业于"等为例进行类比。

(2) 把古代汉语与外语中的相关语法现象进行对比

古汉语中有些语言现象在现代汉语中已不常用,但在外语中可以找到更为对应的语法功能,简单对译并解释,可以帮助学生更好的理解。如下例:

① 而

古汉语中连词"而"连接两个动词性短语的用法比较常见。一些英语母语背景的学生在使用现代汉语连词"和"时,往往会犯这样的错误,"我去书店和我买一本书。"现代汉语中的"和"往往连接的是名词性成分,但古代汉语中的"而"可以更好地对译英语中的"and"连接动词性成分的功能。如:

虎求百兽而食之。(《战国策·楚策》)

观百兽之见我而敢不走乎?(同上)

虎不知畏己而走也。(同上)

② 所

前文曾提到王力先生主张将"所"定为"指示代词",具体教学中,我们发现将"所"字结构对译为英语中指示代词"what"引导的从句,可以帮助学生更好地理解"所"的意义和性质。"鱼我所欲也"(《孟子·告子上》)中的"所欲也"可以翻译成"what I want",学生理解起来更加容易。

③ ……者,……也

汉语"……者,……也"的判断句翻译为日语中的"……は,……です"或韩语中的"…은/는…입니다"相关结构。虽然不太严密,但可以快速地帮助学生加以理解。

当然,一些细小的语法现象也可以与相关的语言进行对比,此不一一赘述。

上面两条教学方法与语法点选取的原则紧密关联。在实际的古汉语课堂教学中,还有一些技巧层面的和方法上需要注意的地方,总结如下。

2.2 标注词性,事半功倍

无论是普通的用法,还是词类活用,标出词性可以帮助学生少走弯路。如:"多多益善,何为为我禽?"(《史记·淮阴侯列传》)中两个"为",第一个是名词,第二个介词。"陛下不善将兵,而善将将。"(同上)中两个"将",第一个是动词,第二个是名词。又如:"孟尝君客我。"(《战国策·齐策》)中的"客",标为动词,解释为"把我当成客人",或者补充解释为传统的"名词用如动词"都可以。

2.3 注意句子结构成分的分析和补足

复杂结构的分析可以帮助学生对语义的理解。课堂讲解中,认真的学生有时会希望听到复杂的句子结构的分析,古汉语中省略主语、宾语的现象比现代汉语更常见,注意复杂句子结构的分析和成分的补足对帮助学生理解尤为重要。此不举例。

2.4 鼓励学生进行对译和硬译

古代汉语教学中翻译法是受到学生认可的方法(张全真,2015)。在翻译中,可以鼓励学生进行逐词对译,即使造成语句不够自然流畅也没关系,教学中更加注重的应该是学生对相关语法现象的理解。如"然后"最好翻译成"这样以后"的"指示代词＋连词"的结构。"今子食我,是逆天帝命也"(《战国策·楚策》)中"是"一定要翻译为"这"、"这样"或"这样(么)做"等指示代词的用法。

2.5 给出固定格式的翻译模式

可以给出学生标准的翻译句式,如可以把"以……为"翻译为"把……当作(成)","不亦……乎"翻译成"不也……吗"。便于学生的理解和操作。

2.6 适当拓展举例

同一语法结构适当拓展,鼓励学生活用古代汉语句式并用古代汉语造句和回答问题。此不一一赘述。

最后,还需要指出的是,古代汉语语法的具体讲授过程应该是根据不同课文的编排设计,散落在不同的课文中,有些语言现象的反复出现,可以加深学生对语法点的理解。

参考文献

[1] 高小方.古代汉语语法教学系统刍议[J].语文研究,2010(4):19-25.
[2] 郭锡良.关于建立古汉语教学语法系统的浅见[J].中国语文,1995(2):131-133;138.
[3] 康瑞琮.古代汉语语法[M].沈阳:辽宁人民出版社,1981.
[4] 刘景农.汉语文言语法[M].北京:中华书局,1994.
[5] 王建莉.古代汉语与现代汉语教学语法系统的分合问题[J].内蒙古师大学报(哲学社会科学版),1999(S2):201-204.
[6] 王力.论古代汉语教学[J].语言教学与研究,1980(4):21-27.
[7] 向熹.古代汉语教学语法体系刍议[J].中国语文,1996(1):70-74.
[8] 张海鹰.关于古代汉语语法教学系统的思考[J].吉林大学社会科学学报,1997(4):85-90.
[9] 张全真.从留学生的角度看古代汉语选修课的教学[C].对外汉语教学与研究,2015(1):52-57.

商务汉语教材建设的几点思考

陈志红　陈晓燕[①]

[摘　要]　本文从专业建设的角度考察了商务汉语教材的建设问题，结合商务汉语自身语体的特点探讨了商务汉语与通用汉语以及其他专业汉语的区别，以期对商务汉语教材的编写和设计提供一定的借鉴。同时，本文认为商务汉语教材应仍然立足于语言教材，对相关专业知识的选择、解释和运用提出了建议，并对专业知识与语言知识之间的关系进行了分析。

[关键词]　商务汉语；商务汉语教材；教材建设

Notes on the Selection of Teaching Materials for Business Chinese

Chen Zhihong　Chen Xiaoyan

[Abstract]　The selection of teaching materials for business Chinese is discussed in relation to the development of business Chinese as an academic field, the semantic features of Chinese language for business purposes, and the difference between business Chinese and Chinese language for other special purposes. It is argued that the selection of teaching materials for business Chinese should follow the criteria for general language teaching materials on the one hand, and give due consideration to business knowledge on the other. The relationship between business knowledge and linguistic knowledge is also discussed to facilitated the selection process.

[Key Words]　business Chinese; teaching materials; textbook

目前，对在国际上与日俱增的汉语风、中文热作出迅速反映的国际商务学习者，外派、外商、外贸、外销、外企人员，在中国留学、游学、旅游、参观、访问人员和立志毕业后从事与国际商贸相关工作的学生，都普遍对初级商务汉语教材求"材"若渴。然而，对于商务汉语的定位及适用对象仍然有颇多争论。另外，早期的商务类教材是简单的商务加汉语，而忽视了两者的融合，对于何时融合、怎么融合等问题上把握不够。本文拟结合商务汉语自身的语体特点，从其专业方向建设的角度来谈谈商务汉语教材建设的几点思考。

---

① 作者简介：陈志红，南京大学海外教育学院副教授，硕士生导师；陈晓燕，南京大学海外教育学院副教授，研究方向为对外汉语教学。

1 商务汉语具有自身语体的独特性

商务汉语有其独特性,它是一门交叉学科,如何处理商务方面的知识与语言知识的关系至关重要。

首先,商务汉语是商务专业用语与交际汉语紧密结合的专用汉语。

商务汉语产生于以汉语为手段的商务活动中。在商务活动中,语言不仅承担着重要的组织作用,而且制约着商务活动的顺利进行。商务汉语是一种专用汉语,专门用于商务活动中,与普通汉语相比,它有自己的专业性和特殊性。在这一点上,商务汉语与科技汉语相似。但商务汉语又与科技汉语有很大的区别,这主要体现在商务汉语具有极强的交际性上。

与电气、化学、医学、物理等科技类的专用汉语相比较而言,商务汉语的专业程度是较低的。这是由商务汉语的性质决定的。商务汉语是专门用于商务活动的汉语,商务活动是以语言为媒介的交际行为,因此商务汉语的主要目的是交际,是一种商务专业用语与交际汉语紧密结合的专用汉语。它的使用范围主要是在流通、消费领域,参与交际的人员主要是生产部门的代表和贸易部门的代表。

其次,作为一种跨文化经济交际的载体,商务汉语渗透了大量的中国文化因素和文化知识。

在商务汉语中,渗透了大量的中国文化因素和文化知识。文化是一个含义很宽泛的词。但在对外汉语教学领域中,除了专门的文化课程中所教授的文化知识外,文化指的是"外国人学习、理解汉语、使用汉语与中国人打交道时所需掌握的那种'文化',是语言学习和使用过程中所涉及的文化"(周思源、林国立,1997)。

渗透在商务汉语中的中国文化对外国人来说是一种异质文化,因此,中外商人以商务汉语为媒介所进行的商务活动是一种跨文化经济交际。所谓跨文化经济交际,顾名思义,由经济交际和跨文化性两方面组成。而导致跨文化经济交际出现障碍的原因除了语言之外也就来自这两个方面。前者指的是专业认知上的障碍,而后者意味着对本文化和异文化之间差别的认知障碍。受中国传统文化的影响,商务汉语口语的话语表达方式含蓄委婉。弗兰克·L.阿库夫在《国际商务谈判》一书中将环太平洋地区(尤指亚洲)的文化称之为"高度上下文联想"的文化,主要指的就是在商务洽谈中,像日本、中国等国的谈判者由于受到本国传统文化的影响,往往用间接的方式隐晦地表达自己的意思。留学生在学习商务汉语的过程中,不可避免地会遇到各种各样的文化知识和文化因素,这些文化知识和因素经功能和语言形式的切割就像一个个的文化因子散见于各种各样的语言材料之中。这些或体现时代背景、社会风貌,或表现民俗风情、民族心理的文化因子成为正确理解、掌握、运用商务汉语的重要内容之一。这些文化因子如果解决不好,就会产生交际障碍。

再次,商务汉语具有庄重文雅的语体风格。

言语交际有其自身的复杂性,任何人、任何社会集团都不会用一种固定不变的方式进行言语交际。人们的语言风格必然会受到个人主观因素、传统文化及语言交际背景的影响,因此在实际的运用中语言存在多种变体,形成不同的语体。商务汉语口语多以外贸洽谈为中心话题,言语交际场合正式,虽然是口语,但口语也有正式和非正式之分,商务汉语口语应该纳入口语的正式语体。它的语体风格特点是庄重、委婉、文雅,与外交语言的风格类似。

2 独特的语体特点决定了商务汉语专业的设置以及相关教材建设是一个系统工程

商务汉语专业方向的设置不能仅仅简单地依赖于编写几本大而全的商务类汉语教材。商务汉语专业作为一个新兴专业，它的设置需要参考较为成熟的专业方向设置理念及方法。

首先，早期部分教材在编写时强调经济用语，对语言的语法现象不够重视，这使学生也对一般的词汇和语法现象重视不足，为学生的正常交流和深入学习带来负面影响。其次，大部分教材的专业、语法、内容的比例并不合理。再次，简单的堆砌也不能使学生满意。最后，相关的外贸、经济和管理的信息、知识和理论有其生命周期，需要不断更新，这样大的工作不应该也无须落在商务汉语教材设计的肩膀上。真正的专业知识、业务交流及其沟通技巧等要通过其他途径或在实际工作中得到充实和提高。

商务汉语与商务英语在语言习得、学习环境、学习对象等方面都有各自的特点，但是作为一种专门用途语言，两者在课程设置的思路上有着相通的可能。我们不妨有选择地借鉴商务英语的课程设置思路。商务英语专业一般在一、二年级学习相关的经济、贸易、管理的课程。除此以外，继续加强英语的听、说、读、写四个方面的能力。到了三、四年级才将英语与商务活动进行融合，学习在商务环境中必须掌握的语言运用技能与跨文化交际的知识。当然商务英语与商务汉语不能画等号，我们仍然应该从商务汉语自身的特点出发来考虑该专业的设置与相关教材的建设问题。

首先，商务汉语有区别于通用汉语的地方，这就要求不能用通用汉语的思路来解决商务汉语的问题。其实，这也体现了笔者在"商务汉语能否为零起点的学习者设置"的问题上的看法，即，商务汉语学习者的语言起点应为中级以上（袁建民，2004；杨东升，2003；路志英，2006），必须在一定语言基本技能的基础上，才有可能进行一项专门用途语言的学习。

其次，商务汉语有其自身的语体风格和跨文化交际知识的要求。在语体的定位问题上，多数人认为商务汉语的使用较为正式，语体风格表现为庄重、典雅、委婉、得体，应该重视谦敬词和委婉语的使用。即使是口语也应该纳入口语的正式语体，与外交语言的风格类似，商务汉语的语域明显宽于普通口语。场合问题对于商务口语的教学很值得注意，需要语言运用的正确性、得体性，还需要语言运用的策略性。这些观点说明大家都意识到商务汉语与通用汉语的区别所在。

再次，商务汉语有着更强烈的跨文化交际知识的要求。从习得的角度来看，在语法的微观结构层面上形成的障碍属于"基础性障碍"；宏观结构层面上专业知识所造成的障碍是"第一性障碍"；因文化差异而形成的障碍是"最高层障碍"。也就是说，在对交际过程中信息传递程度的影响力上，语法是最大的，而对交际过程中交际对方心理的影响力上，文化因素是最大的，所以文化在提高语言交际能力方面极其重要。距离和时间曾经是进行国际商务活动的最大障碍，但现在文化已经成为国际商务的主要障碍之一，商务活动具有跨文化交际的性质。作为一种跨文化经济交际的载体，商务汉语渗透了大量的中国文化因素和文化知识。由于受中国传统文化的影响，商务汉语即使是口语的表达也含蓄委婉。事实上，商务类汉语教材与别的语言教材相比更注重与民族文化的有机结合。

3　商务汉语的立足点仍然是语言教材

商务汉语是一种专门用途语言(language for special purpose)，一门以普通对外汉语为基础的具有专门性意义的汉语课程(楼益龄,2004;曾学慧,2006;万宜娜,2004;张晓慧,2005;刘织,2004;等等)。作为一种专门用途的商务汉语,它仅仅是给将来从事商贸活动打下一个基本的专业基础,培训学习者进行专业性交际的基本技能,而提高学习者的整体汉语能力仍是专门用途汉语的一个重要职能。作为语言类教材,商务汉语应仍然以训练学习者的听、说、读、写四项基本技能为核心,同时加强学习者对商务情境下汉语表达的特殊性的意识。

首先,商务汉语教材应为学习者提供商务情境下可能使用到的各种类型的汉语语料。商务汉语教材应该有语言类教材必需的、分工清晰的精读、听力、口语和写作教材。一方面这符合语言教学规律和特点,另一方面也是商务活动的实践需要。目前大部分的商务类汉语教材都为口语教材。事实上,在商务情境下除了日常商务生活,还应包括合同文本公文的阅读,三资企业经营管理和投资等方面的法律政策的了解,办理业务的手续、惯例的熟悉等。因此,只有口语教材无法满足学习者在商务环境中所有的语言需求。同时,作为中级学习者的语言类教材,如果只有口语教材,对学习者的语言技能的提高帮助不大。这样学习者的语言水平的提高缺乏一定的梯度,效果不会理想。要从四种基本技能的各个方面,对学习者进行培训。

其次,对于教材中专业知识点的选择应遵循准确、清晰、简明的原则。商务汉语涉及的专业不求深,只求广。设置商务知识点,要从外商投资者、外国商人在中国从事商务活动的角度出发,主要安排带有中国背景、中国文化、中国商务惯例、与中国风俗习惯有关的商务知识。由于文化的差异,我们非常熟悉的经营规则,外商却非常陌生;我们习以为常的知识,他们却要花很多时间,走很多弯路才能掌握,所以商务知识点的重点应该关注由于文化差异、背景的不同而产生的文化冲突现象,讲解外企人员在华从事各种商务活动必然遇到的问题、难题、手续、惯例、风俗等。要给学习者以"国民待遇",凡是中国人从事商务活动必知的内容,他们也应该了解。但是,商务活动涉及面很广,单单中国涉外经济法规就有几大本,所以只能选择最重要、学习者最迫切需要掌握的内容,并力求做到准确,语言表述上要清晰、简明,将专业知识的难度调整到中级学习者的水平,使他们能易于学习和操练。

再次,商务汉语教材词汇、语法点的选择应遵循科学实用的原则。一方面,作为"商务汉语"第二语言教学的一部分,在充分考虑"商务汉语"专业词汇和句型的特殊性的同时,也要参照《汉语水平词汇与汉字等级大纲》、《汉语水平等级标准与语法等级大纲》编排,使两方面能进行有机的结合。另一方面,"商务汉语"知识面虽广,但选用的专业词汇应该是常用和实用的,太专太偏的词汇和语法点不能选用。这样语言的切入点低,便于更多的人学习。语言的难度低、坡度小,符合大多数人的需求。还要处理好主课领先、辅课配套的关系,不仅做到重要词语、语法点复现,而且商务知识点也复现。较高的复现率将大大降低学习的难度,使语言学习的"正迁移"效果迅速提高,使知识不断巩固,形成学习的规模效益。

最后,作为专门用途汉语,应重视汉语的专门性,对情境教学理论多加运用,尤其须注意课后练习部分的设计。商务汉语更强调语言的操作性和实用性,因此课后练习除了必要的语言点的重复与操练外,更多的应给学习者提供运用语言的情境,让他们在一定的情境下学会正确地使用语言。目前商务类教材的练习类型与通用类汉语教材练习类型的区别不大,大多数教材的课后练习内容仍然是传统的词语释义、选词填空、近义词辨析、根据课文内容判断正误、造句、回答问题等,商务汉语训练的特点并不明显。

练习作为教材的重要组成部分,不应该是对课文内容的简单重复,而应该是课文内容的深化,应该有助于学习者加强对课文内容的深入理解和掌握。作为商务汉语,应给学习者以任务形式的练习为主,让他们在不同场合下操练汉语的表达,比如产品介绍、广告宣传、会议主持等。

总之,商务汉语教材的建设应系统地加以分析,可参考较为成熟的通用汉语教材以及商务英语教材的建设思路。作为一种专门用途语言,在考虑其特殊性的同时,仍然不能丢弃其语言教材的本质。在语言知识和专业知识的权衡,词汇和语法点的确立以及课后练习等方面有很多值得探讨的地方。总的原则是紧扣语言教材的听说读写的四个核心技能,对相关专业知识进行广而精的选择,并以情境式、任务式的内容安排与练习设计来为学习者提供商务情境下所需的语言材料和跨文化交际知识。

参考文献

[1] 陈光磊.关于对外汉语教学建设目标的建议[M].北京:外语教学与研究出版社,2000.
[2] 吴仁甫.对外汉语一对一个别教授研究[M].北京:中国社会科学出版社,2002.
[3] 李泉.近二十年对外汉语教材编写和研究的基本情况述评[A].对外汉语教学理论思考[M].北京:教育科学出版社,2005.
[4] 程相文.对外汉语教材的创新[J].语言文字应用,2001(4).
[5] 刘织.商贸类汉语教材的简要分析[J].枣庄师范专科学校学报,2005(5).
[6] 张黎,张静贤,聂学慧.前言[A].商务口语教程(对外汉语教学本科系列教材)[M].北京:北京语言大学出版社,1999.
[7] 李菡幽.关于商务汉语课程性质的探讨[J].海外华文教育,2005(2).
[8] 杨东升.商务汉语教材编写初探[J].辽宁工学院学报,2003(1).
[9] 罗燕玲.短期商贸汉语教学的总体设计及其教材的编写设计[J].海外华文教育,2002(2).
[10] 袁建民.关于"商务汉语"课程、教学和教材的设想[J].云南师范大学学报(对外汉语教学与研究版),2004(2).
[11] 万谊娜.对外商务汉语与基础性对外汉语的教学比较[J].云南师范大学学报(对外汉语教学与研究版),2004(6).
[12] 张晓慧.经理人汉语——生活篇[M].北京:外语教学与研究出版社,2005.
[13] 刘超英.HSK(商务)的总体设计[A].汉语教学学刊(第一辑)[M].北京:北京大学出版社,2005.
[14] 朱黎航.商务汉语的特点及其教学[J].暨南大学华文学院学报,2003(3).
[15] 楼益龄.汉语主体意识与对外商务汉语教学[J].云南师范大学学报(对外汉语教学与研究版),2004(1).
[16] 路志英.商贸类汉语教材编写和研究的基本情况述评[J].云南师范大学学报(对外汉语教学与研究版),2006(5).
[17] 张黎.商务汉语教学需求分析[J].语言教学与研究,2006(3).

留学生"中国概况"课教材编写及教学思路探究

吴 琼

[摘 要] 作为目前对外汉语文化课程中唯一一门面向所有学历留学生开设的公共课程,"中国概况"课有其独特的双重性,即一方面与文史哲等院系开设的通识课有着共通性,教师须全面、系统、客观介绍相关基础知识,另一方面又具有鲜明的"对外"特点,无论是教材编写,还是具体的课堂教学,留学生的汉语水平和国别文化背景始终是教材编写者与教学者需要考虑的重要因素。本文拟从这一课程的双重性质切入,结合已有研究及个人教学经验,从教学内容、教材体例、教学方法三个层面深入探讨该课程的教学思路。

[关键词] 中国概况;教材编写;对外汉语文化教学

On Teaching International Students the Introduction to China Course

Wu Qiong

[Abstract] As a required course for all international degree students in China, Introduction to China has dual characteristics. It is a general education course as well as a cultural course in TCFL. Similar to general education courses provided by schools of humanities and social sciences, this course should be systematic, comprehensive, and basic in content. It also has its own distinctive characteristics. For international students, their language proficiency and cultural backgrounds are always important factors to consider in the process of teaching and textbook compilation. Based on existing research and the author's teaching experience, this paper tries to explore new ideas about teaching this course in terms of its contents, the layout of the textbooks, and teaching methods.

[Key Words] Introduction to China; textbook compilation; teaching culture; TCFL

"中国概况"课是目前各类高校通识课程(general education course)①,以及各类对外汉语文化课程中唯一一门面向所有学历留学生开设的课程。有别于文史哲等院系开设的通识课,留学生的汉语水平及国别文化差异始终是"中国概况"课程需要考虑的重要因素;有别于其他主要面向汉语言专业留学生开设的对外汉语文化课,修读"中国概况"课的留学生群体

---

① 教育部《高等学校接受外国留学生管理规定》(2000年发布)规定:中国概况"应当作为接受学历教育的外国留学生的必修课",《中华人民共和国教育法典》,中国法制出版社,2012年3月,第468页。

的国别、学历及专业背景更为复杂多样,汉语水平也更为参差不齐①。面对背景如此多样的学生群体,这一课程应如何编选教学内容、采用何种教材体例、运用哪些教学方法开展富有成效的教学活动,学界已有不少关注,本文拟在现有研究的基础上,结合个人教学经验对该课程的教材编写方案及教学思路作进一步的探讨。

1 教学内容的选择与编排

"中国概况"课面向所有来华学历留学生开设,既属于大学通识课程,又属于对外汉语文化课程,这一双重属性要求该课程的教学内容应具有如下特点:

第一,系统性、全面性以及基础性。这是通识课程的基本特点,"就其内容而言,通识教育是一种广泛的、非专业性的、非功利性的基本知识、技能和态度的教育"②,目的在于"使学生在致力于学习一种特殊的、专门的知识之前对知识的总体状况有一个综合的、全面的了解"③。作为一门通识课,"中国概况"课旨在帮助学历留学生全面、初步认识中国国情,以适应在华生活,并为他们进一步学习与中国相关的某一专业知识扫除障碍,因此现有各版《中国概况》教材均倾向于全面展现中国国情。如王顺洪编著的《中国概况》(2015年版)介绍了中国国土、历史、人口、民族、政治制度、经济等14个专题;华东师大编写的《中国概况》(2012年版)则涵盖了人文地理、政治、经济教育科技等五大领域的20个专题;上海师大编写的《中国简介》甚至介绍了地理概况、历史变化、民族与人口、城市与农村等多达28个专题。

不过,正如学者祖晓梅、陆平舟所注意到的,已有《中国概况》教材多以介绍"客观文化"为主,而很少涉及中国人的"价值观念和行为模式",事实上并不很"全面";祖晓梅、陆平舟认同著名人类学家格尔茨(Clifford Geertz)的"文化"定义,主张"中国概况"课不应只介绍客观事实,而应该把文化价值和行为模式的介绍作为主要目标,应该把"文化知识理解为包括客观文化因素与主观文化因素的结构化信息","把价值观念和行为模式看作文化本质特征的标志","通过分析客观事实来探讨隐藏在背后的文化意义、文化价值和行为模式"④。祖晓梅、陆平舟的这一研究视角与国外相关研究不谋而合,极具启发性,即"文化"有其内在结构,对照人类学家或语言学家所划分的"文化"的组成结构,我们可以考察对外汉语文化教材已经包含了哪些文化因素,各文化因素所占比例为多少,这些比例是否适当,是否需要加以调整,等等⑤。不过,就"中国概况"课而言,过于强调将文化价值及行为模式作为教学重心恐

---

① 以笔者所在高校为例,该课程的选课学生基本上涵盖了本校所有院系本硕博各阶段的学历留学生,目前同样面向全校学历留学生开设这一课程的还有中山大学、广东外语外贸大学等,也有部分高校面向汉语言专业留学生单独开设该课程,参见暨南大学硕士论文《留学生汉语言专业本科"中国概况"课教材选用与使用情况调查——以广州地区四所高校为例》(http://www.doc88.com/p-3037108944883.html)。

② 李曼丽《通识教育——一种大学教育观》,清华大学出版社,1999年12月,第17页。

③ Pachard, A. S. "The Substance of Two Reports of the Faculty of Amherst College to Board of Trustees," North American Review, 1829,(28), 300.

④ 祖晓梅、陆平舟《中国文化课的改革与建设——以〈中国概况〉为例》,《世界汉语教学》,2006年第3期。

⑤ 人类学家及语言学家有关"文化"的定义纷繁复杂,过去几十年中,外语教学研究者Hector Hammerly等为判断在外语课堂上应优秀教授哪些文化要素至少提出四种不同的文化分类模式,参见(美)虞莉《文化在哪里:文化教学与外语教材(连载一)》,北京外国语大学编《国际汉语教育动态·研究》,2011年第1辑,外语教学与研究出版社,2011年9月。

怕失之偏颇,该课程的首要目标应是帮助留学生初步、全面认识中国的基本国情而非其他,"客观文化"与"主观文化"在这门课程中应同等重要而不应有所偏废,"客观文化"并不必然次要于"主观文化",某些"客观文化"可能恰恰是促成某些"主观文化"形成的有力因素(如20世纪80年代以来的独生子女政策对男女平等观念的促进作用)甚至是决定性因素。从另一方面来说,"中国概况"课往往是各高校对外文化课程体系中最早开设的一门基础性课程,对外汉语文化教学的确应该"把价值观念和行为模式看作文化本质特征的标志",但这一目标不应由最为基础的课程来承担,而应由一整套逐渐"由表层文化介绍过渡到深层文化的阐释方面"[①]的对外汉语文化课程体系来达到,留学生完全可以在后续的其他文化课程中逐渐接触并深入理解中华文化最为核心的"文化价值及行为模式"。从这点上来说,现有概况教材应当适当加重价值观念即"主观文化"的介绍,但不宜过于强调。

第二,剪裁有度,细节生动。全面系统并不等于面面俱到,"中国概况"课所涉内容极为庞杂,留学生群体智识水平较高但汉语水平有限,更需跨越文化藩篱才能深入了解中国,因此概况课的教学内容势必经过细致剪裁才能适应教学需求。一方面,课程内容必须脉络清晰、篇幅适宜、结构简明,以便留学生能以有限的汉语,快速有效掌握关于中国的基本知识构架,并能在日后的学习和在华生活中,由浅入深、循序渐进地在这一基本知识框架下自行增补并修正相关细节;另一方面,课程内容应避免平铺直叙,应适当借助生动的细节引导留学生跨越文化障碍,深入中国的社会情境,观察、发现、了解真正的中国。目前教科书体例的《中国概况》教材(如王顺洪版、宁继鸣版等)胜在前者,简明有余而细节不足,略显刻板;少数借鉴语言教材体例的概况教材则胜在后者,而缺少完整的知识框架。如同样介绍中国的教育,中山大学借鉴语言教材体例自编的概况教材就远比教科书体例的教材更为生动,更具可读性,这从课文小标题就可以看出:"不能让孩子输在起跑线上"、"我要进清华北大"、"分数面前人人平等"、"万般皆下品,惟有读书高"等,但在整体知识框架方面,该教材显然要比教科书体例的概况教材逊色一些。

第三,通俗易懂、客观呈现,注重学理支撑。概况课主要面向中高级汉语水平留学生开设,该课程的课堂教学不仅是跨文化交际过程,同时也是中国国家形象的跨文化传播过程,因此教学内容必须既通俗易懂、直观简明,同时具有客观性与学理性。通俗易懂则有助于汉语水平有限的留学生快速理解相关内容,并有效减少师生间跨文化交际产生误解的可能。客观性与学理性则有助于教师消除自身的民族优越感或民族自卑感等不利于跨文化交际的心理因素,从而理性、客观地向留学生们展示一个真实复杂的、变化中的中国。来华学历生均为正在接受高等教育、有着批判思维能力的青年大学生,他们的汉语水平与他们的智识水平之间往往存在着张力,他们当中不乏汉语能力有限,却对中国文化、中国社会有着强烈求知欲的留学生,有的甚至已经抱有相对成熟的见解甚或"成见",他们不仅希望课堂内容通俗易懂、富有趣味,也希望通过课堂学到更多的、也更具启发性的观看中国的方法与视角。但对教材编写者与教学者来说,要同时兼顾通俗易懂性和客观学理性却并不容易,这意味着编写者及教学者必须是既"专"且"博"的复合型人才,能够以深厚的学术素养和简易的汉语深入浅出地向汉语水平有限、智识水平较高、同时深具异国文化背景的留学生群体持续介绍若

[①] 张英《对外汉语文化教学的基点与视角》,《第十届国际汉语教学研讨会论文选》,万卷出版公司、北方联合出版传媒集团,2010年,第500页。

干分属于不同学科领域的知识专题。从现有教材看,能达到这一标准的教材少之又少,借鉴语言教材体例编撰的《中国概况》教材往往通俗有余,"客观"不足①。采用教科书体例撰写的《中国概况》教材大多试图兼顾简明通俗性与客观学理性,却难以真正兼顾,往往生动不足而刻板有余。如何才能真正兼顾两者,仍然有待教材编写者的进一步探索。

2 现有教材的编写体例及其不足

对外汉语文化教材编排体例自由多样,其中以两类体例最为流行,一是采用人文社科领域通行的教科书体例,以章节形式介绍不同的文化专题,二是借鉴对外汉语语言教材的体例,以课文、生词列表、语法点、课后练习等形式设计教材。90年代以来问世的各类《中国概况》教材,多采用前一种体例,近十年来后一种体例也开始出现,目前两种体例并驾齐驱,各有优劣。

采用专业教科书体例的《中国概况》教材,据笔者粗略统计,自90年代以来已出现至少十五种,使用较广的有四种,分别由王顺洪(北京大学出版社,最新版为2015年)、宁继鸣(北京语言大学出版社,2013年)、肖立(北京大学出版社,2009年)、郭鹏(高等教育出版社,2011年)(以下简称"王版"、"宁版"、"肖版"和"郭版")等编著。这类教材早期并不太重视文化教学中的语言要素,普遍具有"比较明显的中国学生使用教材缩编本痕迹,内容多、杂、深、政治性过强","语言普遍过深,专业词汇过多","'对外'的特点没能得到较好的体现"②等缺点,不过近些年来,这些缺点已有很大改进,主要表现在如下几个方面:

(1) 一些教材如"王版"(2015年版)、"宁版"(2013年版)、"郭版"(2011年版)开始注重图文并茂的视觉效果,在书中插入大量黑白或彩色插图,以便留学生理解。不过,与国外同类教材相比,这类教材的彩图制作水准明显偏低。如美国加州大学出版社2005年出版的一套旨在帮助美国读者了解中国概况的彩色图文版英文教材 *The State of China Atlas*③ 同样有大量彩图,但不同于国内教材的是,这些彩图不只是自然人文景观或地图的简单展示,而是具有一定的技术含量,并占据了大量篇幅:如通过各种分层设色地图来展示中国各省人口密度、各省文盲率、各省城镇化率、各省婴儿出生性别比、各省每10万人拥有医生人数和床位数量等;通过饼状图、柱状图、折线图等各种数据统计图来直观展示世界银行、世贸组织等权威机构的相关统计数据;以彩色几何图形生动展示中国党政机关的组织结构图等。枯燥的统计数字、复杂的文化知识在这里被成功转化为色彩明丽、直观易懂的图示,这一处理方式十分值得国内概况教材借鉴。

(2) 少数概况教材开始自觉控制段落、章节及页面篇幅,力求版面清爽宜人,便于留学生阅读,这在最为通行的前述四种教材中都有体现,而以"宁版"最为突出,其他版的概况教材则较少注意。

(3) 个别教材开始改变语言风格,以亲切口吻叙述文化内容,力求通俗易懂,以"郭版"

---

① 参见姜兴蔚《〈中国概况教程〉和〈中国概况〉教材对比研究——以〈中国的教育〉专题课为例》,中山大学硕士论文,2015年;暨南大学硕士论文《留学生汉语言专业本科"中国概况"课教材选用与使用情况调查——以广州地区四所高校为例》(http://www.doc88.com/p-3037108944883.html)。
② 李晓琪《对外汉语文化教学研究》,商务印书馆,2006年7月。
③ 美国加利福尼亚大学出版社,2008年。

为佳。

(4) 个别教材开始试图改进传统的"讲座式"体例,而改用"选文"体例进行编排。如华师大版每个专题均由一组语言难度由易到难的选文(3—5篇)组成,难度最低的一篇为"理科留学生入学的最低水平"①,选文多取材于专业教科书,选题则通俗易懂,如《新疆是个好地方》、《邓小平的三起三落》等,具有一定新意。

(5) 一些教材逐渐开始使用多种辅助手段降低自身的语言难度,这些辅助手段主要包括:① 添加拼音、旁注、脚注等注释。如"王版"、"宁版"、"郭版"均为疑难词汇标注了拼音;"郭版"为一些专有名词添加了英文旁注,"宁版"则添加了中文旁注;"郭版"甚至引入了大量的英文注解:全书各章标题与课前思考题均采用了中英文对照格式,各章导语与脚注也均为英文。② 多用常见词汇与句型,而少用疑难词汇和复杂句型。这一点在"王版"等最为通行的四种教材中都比较突出,而其他版本的概况教材则或多或少忽略了这一点。③ 明确标注教材使用对象的汉语水平,目前只有个别教材做到了这一点,如"郭版"前言:"达到新HSK四级的学习者,可尝试借助词典及教师讲解来阅读本书","达到新HSK五级者,可适当借助词典来阅读理解","达到新HSK六级者……"②显然,明确标注比笼统标注适合所有留学生使用要更加科学。

与上述教科书体例的概况教材相比,采用另一种体例,即借鉴语言教材体例编纂而成的《中国概况》教材出现较晚,数量也较少,主要为北师大、中山大学、上海师大等四五所高校任课教师的自编教材,以内部使用为主,较少公开出版③。这类教材从一开始就采用了文化和语言并重的原则:围绕中国地理、政治、经济等文化专题编选相对轻松有趣、口语化的课文(叙述体或对话体),同时十分重视语言技能的操练,专门设置了课文导入、生词解释、课后练习等内容,以帮助留学生充分理解掌握词汇及语法知识,"对外"的特点十分鲜明。

总体来看,以上两种体例各有优劣,教科书形式的概况教材具有一定的学理性,但超纲词汇往往较多④,编写者需十分重视教材中的语言要素,采用插图、拼音、注释、课后练习、篇幅控制等多种辅助手段适当降低阅读难度之后,才能适用于高级汉语水平的留学生。而借鉴语言教材体例编成的概况教材由于更为重视语言要素教学,因此文本的易读性、趣味性相对较高,但对汉语水平较高的文科及商学院留学生尤其其中的硕、博学历生来说,这类教材内容的客观性及学理性却略显不够,生词解释等语言要素占比也不宜过高;总体而言,这类教材为数较少,成熟度还有待提升。对外汉语文化课程"不等同于母语文化教学的满堂灌,也不等同于语言教学,即陷于语法和词汇教学的汪洋大海之中,必须在这两者之间找到一个

---

① 包文英、刘弘编著《当代中国概况》前言,华东师范大学出版社,2012年8月。
② 郭鹏等编著《中国概况》前言,高等教育出版社,2011年5月。
③ 有关这几种教材的最早讨论,分别见祖晓梅、陆平舟《中国文化课的改革与建设——以〈中国概况〉为例》(《世界汉语教学》,2006年第3期)、姜兴蔚《〈中国概况教程〉和〈中国概况〉教材对比研究——以〈中国的教育〉专题课为例》(中山大学硕士论文,2015年),暨南大学硕士论文《留学生汉语言专业本科"中国概况"课教材选用与使用情况调查——以广州地区四所高校为例》(http://www.doc88.com/p-3037108944883.html)。
④ 据康洁《中国概况类教材词汇难度考察——以郭鹏本〈中国概况〉和肖立本〈中国概况教程〉为例》一文(《变革中的国际汉语教育——第四届汉语国别化教材国际研讨会论文集》,2015年5月),较为通行的郭版、肖版《中国概况》超纲词汇(已扣除专有名词)占比分别高达42.33%与39.8%,而《高等学校外国留学生汉语教学大纲》规定高级阶段教材超纲词汇不得超过25%。

结合点"①,显然教科书形式的概况教材与借鉴语言教材体例的概况教材所找寻的结合点并不一致,究竟哪种更好,是否还有比这两者更好的结合点? 还有待更多的讨论。

3 多媒体教学方法的运用

已有问卷调查显示,受限于汉语水平以及国别文化背景,留学生们更倾向于通过直观形象的图片及多媒体视频来了解"中国概况"课的教学内容②。但如何运用多媒体方法进行"中国概况"课的教学,已有研究却极少关注。事实上,"中国概况"课程很可能是各类通识课程乃至对外汉语文化课程中最需要采用多媒体教学方法的课程之一。多媒体课件可以向汉语水平参差不齐、国别背景各异的留学生提供最适合他们需要的"可懂输入",动态演示的文字、图片或视频可以将教学内容化繁为简,化抽象为直观,极大地调动留学生的学习兴趣,并帮助他们轻松跨越语言及文化障碍,顺利消化相关知识并积极展开课堂讨论。采用多媒体教学方法讲授"中国概况"课,可以拥有如下几大优势:

(1) 纸版概况教材往往语言难度过高,但多媒体课件却可以运用最有限的词汇、最简洁易懂的汉语来展示较为丰富的教学内容,十分适合留学生课上学习。一方面,多媒体课件可以像纸版教材一样采用拼音注释、英文注释等辅助手段降低词汇难度,另一方面由于有图片、音像以及教师的口头讲解作为辅助,多媒体课件中并不需要出现大量汉字。因此,即便有留学生因汉语水平较低并不能理解所有教学内容,他们也可以看懂课件中的大部分文字与图片。

(2) 借助多媒体课件,教师可以最大限度地将中国地理环境、历史文化、旅游资源、行政区划、人口及民族语言分布、宗教信仰及习俗等各类文化知识转化为图片及音像视频进行教学,帮助留学生轻松跨越语言及文化障碍,直观了解相关知识。例如,在讲解中国道家思想时,选用"庄周梦蝶"、"濠梁之辩"、"鼓盆而歌"等系列组图加以讲解,可以极为便捷地帮助留学生初步认识并了解庄子其人及其思想;在讲解中国当代公务员制度时,一则较为简短的大学生积极报班备战公务员考试的新闻视频,就可以使留学生直观了解中国的"公务员考试热";在讲解人民代表大会制度时,展示一组本地"区人大代表"日常工作的照片,以及某位全国人大农民工代表日常生活的组图,就可以使留学生"近距离"地了解人大代表的工作职责;在讲解中国当代的宗教信仰时,结合一组极具视觉冲击力的四川喇荣五明佛学院的"组图"进行讲解,就可以使留学生快速了解当代中国藏传佛教发展的某一侧面……概况课的个别章节,如中国的地理环境、人口及民族分布等,多媒体课件甚至可以完全颠覆纸本教材以文字为主、以图片为辅的做法,而代之以"组图"为主、文字和视频为辅的形式,"邀请"留学生进入真正的中国情境,观看并深入思考其中的文化与社会现象。网上的各类音像视频,如新闻视频、纪录片、人物访谈、网友自制短片等,均可以化用到多媒体课件中发挥其教学作用。不过正如上文所述,国内概况课程的彩图制作水准仍有较大的提升空间,这也相应限制了概况

---

① 张英《对外汉语文化教材研究——兼论对外汉语文化教学等级大纲建设》,《汉语学习》,2004年第1期。
② 见孟和《〈中国概况〉教材对比分析及其面向蒙古国大学生的教学设计》,山东大学硕士论文,2015年;鲁宁丽《对外汉语文化类教材对比分析研究——以〈中国概况〉、〈中国人文地理〉为例》,陕西师范大学硕士论文,2015年;暨南大学硕士论文《留学生汉语言专业本科"中国概况"课教材选用与使用情况调查——以广州地区四所高校为例》(http://www.doc88.com/p-3037108944883.html)。

课多媒体课件的制作水准。

（3）多媒体课件制作的自由度极大，文字、图片及视频材料的增删极为方便，极适合教师个人才性的发挥，也非常适合教师根据选课留学生的汉语水平、各学期课时的长短变化、中国社会的发展动态及时调整教学内容的多寡、难易及侧重点，并及时更换已经过时、"老化"的内容。

（4）多媒体课件可以按次序动态演示每一条文字或图片信息，这一功能可以帮助留学生随时"锁定"课堂上任一时刻的教学进度，即便是汉语水平十分有限的留学生，也不易在课堂上发生不知教师"所云"的状况。

多媒体教学过程中，教师口头讲解的重要性并不亚于课件本身，高水平的、独具教师个人风格特色的口头讲解，不仅可以化难为易，同时还可以充分弥补多媒体课件或多或少的单调与呆板，从而使课件真正为人所用，取得最佳教学效果。当然，概况课的整体教学效果不仅与教师采用的教学方法、口头表达能力相关，也与教师的个人特质密切相关，教师个人的立场观点、学识积累、跨文化交际能力等，对课堂效果均有重要影响。

4 小结

总体来看，"中国概况"教材在数量和质量上已有较大突破，但也不乏问题：教科书体例的《中国概况》教材在编写体例上已经日趋成熟，但在教学内容的编排、剪裁和视觉呈现方面，仍有过于僵化之嫌，尚不能完全满足"对外"教学的需求；借鉴语言教材体例编写的《中国概况》教材仍然处于发展阶段，成熟度还有待提升。这两种体例的同时存在，表明编写者对这一课程的具体教学思路仍抱有分歧。在教学方法上，留学生对多媒体教学手段有较高期待，但学界讨论极少，该课程多媒体教学方法的运用仍有较大的讨论空间。

对外汉语文化教学历来被划分为两类：一是语言课中的文化因素教学，二是独立于语言课之外的文化课教学[①]，"中国概况"课属于后者，也是其中最为基础、开设最为广泛、十分具有代表性的一门课程，因此探讨该课程的教材编写及教学思路具有一定的意义，不过本文的讨论还比较初步，究竟应当如何调整教学思路，帮助教师跨越文化及语言的双重樊篱，取得对外汉语文化课的最佳教学效果，并助益于中国文化的对外传播，还有待学界进一步的探讨。

参考文献

[1] 李晓琪.对外汉语文化教学研究[M].北京：商务印书馆，2006.
[2] 北京外国语大学编.国际汉语教育动态·研究[C].北京：外语教学与研究出版社，2011.
[3] 国家对外汉语教学领导小组办公室编.高等学校外国留学生汉语教学大纲：长期进修[M].北京：北京语言文化大学出版社，2002.
[4] 国家汉语水平考试委员会办公室考试中心制定.汉语水平词汇与汉字等级大纲（修订本）[M].北京：经济科学出版社，2001.
[5] 张英.对外汉语文化教学的基点与视角.第十届国际汉语教学研讨会论文选编辑委员会.第十届国际汉

---

① 李晓琪《对外汉语文化教学研究》，商务印书馆，2006年7月，第12页。

语教学研讨会论文选[C].辽宁:万卷出版公司、北方联合出版传媒集团,2010:500.
[6] 张英.对外汉语文化教材研究——兼论对外汉语文化教学等级大纲建设[J].汉语学习.2004(1).
[7] 祖晓梅,陆平舟.中国文化课的改革与建设——以《中国概况》为例[J].世界汉语教学,2006(3).
[8] 韩秀梅.谈《中国概况》课的教学思路[J].云南师范大学学报(对外汉语教学与研究版),2004(5).
[9] 周小兵,罗宇,张丽.基于中外对比的汉语文化教材系统考察[J].语言教学与研究,2010(5).
[10] 徐霄鹰,王蓓.汉语文化教材用户调查分析报告[J].国际汉语,2011(1).
[11] 姜兴蔚.《中国概况教程》和《中国概况》教材对比研究——以《中国的教育》专题课为例[D].中山大学,2015.
[12] 康洁.中国概况类教材词汇难度考察——以郭鹏本《中国概况》和肖立本《中国概况教程》为例[C] // 变革中的国际汉语教育——第四届汉语国别化教材国际研讨会论文集,2015.
[13] 孟和.《中国概况》教材对比分析及其面向蒙古国大学生的教学设计[D].山东大学,2015.
[14] 鲁宁丽.对外汉语文化类教材对比分析研究——以《中国概况》、《中国人文地理》为例[D].陕西师范大学,2015.
[15] 留学生汉语言专业本科"中国概况"课教材选用与使用情况调查——以广州地区四所高校为例[D].暨南大学.(http://www.doc88.com/p-3037108944883.html)
[16] 冯锐.对外汉语中国概况类教材的对比研究[D].中山大学,2012.
[17] 林慧秀.中国概况课的教学调查、分析及建议[D].上海师范大学,2012.
[18] King,J.,Lacey,C.,Mayne,S.,Lewis,I. & Pearlman,C(Eds.),The State of China Atlas[M].Berkeley,Los Angeles and London:California University Press,2008.

教育戏剧介入汉语国际教育的案例研究:以方位教学为例[①]

陈 漪[②]

[摘 要] 教育戏剧兴起于20世纪上半叶,它是将戏剧应用于教育实践的一种教学方法和教育模式,在语言教学中发挥着重要作用。动作、角色、情境是戏剧最核心的元素,本文以上述元素为实践与研究的基点,采用行动研究的方法,结合方位教学的具体案例,对自身的汉语课堂教学实践进行探究,探索教育戏剧介入汉语国际教育的可能,并通过教学反思,分析其意义、价值与问题,试图在后方法时代,为汉语国际教育探询新的方法与路径。

[关键词] 教育戏剧汉语国际教育;案例研究;方位教学

Case Study of Intervention of Drama in Education into International Education of Chinese: Direction Teaching

Chen Yi

[Abstract] Rising in the first half of the 20th century, Drama in Education (DIE) is a kind of teaching method and education mode that applies drama in educational practice and plays a significant role in language teaching. Action, role and situation mark the very core elements of drama. With such elements as the basis for practice and study, this paper adopts action research method and combines the specific case of direction teaching to study teaching practices in Chinese language classroom and explore the possibility of DIE's intervention into international education of Chinese, and to analyze its significance, value of problem by reflection of teaching with the purpose of trying to work out a new method and path for international education of Chinese in the post-method era.

[Key Words] Drama in Education; international education of Chinese; case study; Direction Teaching

---

① 本文为2016年度杭州师范大学教学改革立项项目(高等教育课堂教学改革类)《教育戏剧介入汉语国际教育的案例研究》的项目成果。
② 作者简介:陈漪(1977—),女,浙江杭州人,上海戏剧学院艺术学博士、副教授,主要从事教育戏剧、汉语国际教育及戏曲研究。

1 教育戏剧及其在语言教学中的应用

作为一种独特、直观的艺术样式,戏剧以身体为媒介进行表演,它直接诉诸语言与行动,在观演双方间施加着双向的影响,具有独特的教育价值。加拿大戏剧教育家 David Booth 认为,当我们探索与交流观念信息、社会行为、价值观、感觉、态度时,拥有远超预期的大量观众的戏剧,已经成为我们表达与阐释世界的基本方法,我们被所经验的成千上万的表演影响,从而有意或无意地被娱乐、被知照、被激怒、被说服、被控制或者被感动,有时候由于它们对我们生活的影响而被改变。[1](P.18)诚如他所言,戏剧已经成为人们观照世界的基本方式,它在潜移默化中渗透入了我们的日常生活、影响着人们的价值观生成。戏剧本身也已逐渐超越其本初意义,进入到更加普遍而深广的社会生活之中。而进入新世纪以来,"表演"这一更为宽泛的概念,进一步深化和拓展了"戏剧"的内涵、外延。21 世纪的"大戏剧"观念意味着,戏剧绝不仅是专业艺术表演性质的"舞台戏剧",也应包括作为戏剧方法存在且适用于社会其他领域的"应用戏剧",而"教育戏剧"正是"应用戏剧"领域最为重要的一支脉络。

英国等欧洲国家把戏剧应用于教学的基本方法称为 Drama in Education(DIE)、Theatre in Education(TIE);在美国则称为 Creative Drama,尽管称谓有别,但其核心却大同小异,都是指在普通教育中,将戏剧(包括戏剧方法、戏剧元素等)应用于教育的一种方法和模式,它以角色扮演、即兴创作及其他戏剧技巧为手段来实现教育的目的。

将戏剧与教育实践相结合的历史十分悠久,英国女教师 Harriet Finlay Johnson 最早在课堂上实践戏剧方法,她将不同的教学主题戏剧化,激发了学生的参与热情,并深化了对教学内容的理解和认识。1911 年,她出版了《教学中的戏剧方法》(Dramatic Method of Teaching),被认为是第一本介绍戏剧教学法的著作;此后,Henry Caldwell Cook 将戏剧教学法发展成了一项具体的教育运动,作为英语教师,他着力强调表演和游戏对语言学习的促进作用,并于 1917 年出版了《戏剧方法》(The Play Way),提出"年轻时,学习的最自然方式是戏剧。"[2] 美国民主主义教育思想家 John Dewey 也注意到了戏剧性教学法的价值,并积极投入实践,他在 1934 年首版发行的著作《艺术即经验》(Art as Experience)中指出,教育全部活力的主要源泉在于本能,及儿童冲动的态度与活动……装扮、游戏、模仿的努力……都能被教育所运用;这些都是教育方法的基石。[3](P.21) 显然,Dewey 所指称的"装扮"、"模仿"正是教育戏剧的核心手段,他甚至把它们当作为教育方法的"基石",对其重视程度可见一斑。

二战以后,教育戏剧在欧美国家更加普及。1950 年代以后,英国继承和深化了 Peter Slade 儿童戏剧教育传统,至 60、70 乃至 90 年代,Dorothy Heathcote、Gavin Bolton、Jonathan Neelands 等已将"教育戏剧"发展为相当成熟的 DIE/TIE 方法。1992 年,国际性教育戏剧/剧场与教育联盟 IDEA(International Drama/Theatre and Education Association)在葡萄牙波尔图成立,并逐渐成为拥有九十余个国家的代表加盟的国际组织,至今依然十分活跃;至 20 世纪末,英、美、加、澳等国及我国港台地区也先后将戏剧纳入其国家课程的一般学制内实施,并由此开启了教育戏剧的新阶段。

具体到语言教学,教育戏剧在欧美等国既渗透进了母语教学,也对二语习得产生了重大影响。早在 1992 年 10 月,英国国会通过的教育法案正式将戏剧性活动列为国家英语课程标准的一部分,正式确立了教育戏剧作为教学媒介在英语教育中的地位。在二语习得领域,教育戏剧也有着不少成功的尝试。Ivan Turecek 结合英语作为外语教学的实践指出,戏剧性活动是使语言教学更加简便、有效的技巧,它通过社会角色的扮演,对塑造学生个性也发挥着积极作用。[4](P.53-60) Joe Winston 则对多个将戏剧应用于二语习得的国际性实践团体进行研究,指出当戏剧项目设计精当时,(戏剧教学法)能为交际过程带去真实可信的感觉,因为它为语言提供的内容是动态的、最为真实的。[5](P.3) 在对法语、英语、汉语等多语种二语习得过程进行的研究中,乔发现了戏剧对于营造真实情境、促进语言发展的实践价值,对其在语言教学实践中的应用前景充满信心。而 Alan Maley 和 Alan Duff 则更加具体地结合语言教学的技巧,阐明了戏剧性活动在促进学生自由表达方面的意义,他们指出,语言教学的技巧,大多包含了三个层面,即呈现(presentation)、实作(practice)与加强(reinforcement)。……戏剧性活动很明确地可以作为"呈现"与"实作"之应用,而"加强"则因前二者的实施自然产生。[6](P.16) 明智地选用这种活动能切实地加强词汇与结构的运用,能有效地去除教师对课堂的控制,提供学生自由表达的机会,并帮助学生说出他们真正想说的话。

教育戏剧是一种以过程为主的、重在体验的戏剧性教育方式,它借助于戏剧技巧,引导学生运用想象、调动经验,在戏剧实作中表达、交流、合作、发展,最终实现增长知识、锻炼技能、健全身心的目的。这一方法在语言教学中的应用,能营造愉悦、和谐的学习氛围,激发学习者的主观能动性,有效提升了其言语技能与言语交际技能,促进了跨文化交际能力的发展,对于汉语国际教育有着重要的启迪意义。

2 教育戏剧介入汉语方位教学的案例研究

2016 年 10 月 26 日,笔者采用以教育戏剧为核心的多元化教学手段,面向杭州师范大学国际教育学院一级 B 班的多国留学生授课,教材内容为《汉语口语速成 入门篇》第 11 课《办公楼在教学楼北边》(北京语言大学出版社 2005 年 7 月第二版),所用时间 2 课时(90 分钟)。动作、角色、情境是戏剧最核心的元素,本次教学与研究以上述元素为实践基点,采用行动研究、案例研究的方法,结合方位教学的具体案例,对自身的汉语课堂教学实践进行反思和探究,试图在后方法时代,为汉语课堂教学探询新的方法与路径。

2.1 动作

诚如"体验派"戏剧大师斯坦尼斯拉夫斯基所言,在舞台上需要动作。[7](P.56) 动作、行动是戏剧艺术、演员艺术的基础。动作是塑造舞台形象、推进情节发展、激动观众情感的最有效手段,动作性强是戏剧的典型特征,而它也是教育戏剧的核心与关键。就语言教学而言,伴随语言而发生的肢体运动能反过来刺激人的言语习得,用行动来强化语言感知、深化语言记忆,有助于语言技能的获得。

在教授方位词时,笔者先借助自身的肢体行动,形象展示了"前边、后边、左边、右边、中间、旁边、对面"等词汇,而后要求学生全体起立,带动学生模仿教师的形体动作,以行动重现这些词汇的意义,并在行动同时大声重复,强化其记忆。这一简便易行的方法帮助学生建立起了行动与意义的联结,使他们在最短时间内牢固掌握了这些词汇。

而后,笔者邀请了 4 位学生上前,师生共同组合,构成队形并变化,或组一行,或成两列,

或前后排列,或相对而立,以队形为言说对象,引导学生学习关于方位的基本句型,师生问答,集体复述。例如:

(1) 师:"老师在哪儿?"生:"老师在前边。"
(2) 师:"老师在谁前边?"生:"老师在 A 和 B 前边。"
(3) 师:"老师左边是谁?"生:"老师左边是 C。"
(4) 师:"C 旁边是谁?"生:"C 旁边是 A 和 D。"
(5) 师:"谁在老师对面?"生:"B 在老师对面。"

在第一个活动中,全体学生都获得了行动和发展的机会,通过身体运动的方式,借助多种感官的协调联动,感知了方位词汇与肢体运动之间的关系,强化了对这些词汇的理解与记忆。在第二个活动中,通过队形的排列组合与变化,学生直观形象地感知了方位的意义,并通过反复的句型操练,实现了有效的言语习得。

2.2 情境

戏剧情境形成于特定的环境、时间和人物关系之中,在德国哲学家黑格尔看来,它是"更特殊的前提,使本来在普遍世界情况中还未发展的东西得到真正的自我外现和表现。"[8](P.254)在戏剧艺术中,"情境"是塑造人物、酝酿冲突、推动情结的环境与动能。而在汉语教学中,运用情境模式,通过真实情境的创设,来开展实战性言语交际练习则是一种颇为有效的方法,它通过教师对特殊情境的选择与创设,引导学生在规定情境中表达与交流,通过对情境化语言的反复操练,实现言语习得的目的。

在本课实践中,笔者设计了模拟社区的戏剧性活动,专门营造了社区这一特殊情境,引导学生去认识社区中的各家场所,进而了解其所在方位,并学习用方位句型正确表达。笔者将带有象征意味的实物放置在课桌上让学生任意挑选取用,如课本(象征学校)、苹果(象征水果店)、电影海报(象征电影院)、洗手液(象征超市)、钱(象征银行)等等,然后请学生在教室内选择任意位置站定,开始操练句型。老师发问:"银行在哪儿?"抽取到"钱"的学生高举起"钱"并回答道:"银行在这儿。"在老师示意下,其他学生根据自己所处位置说明与"银行"的地理关系,在学生描述的间歇,教师即兴发问,请全体学生齐声复述之前同学的句子,从而强化了听说刺激。句型如:

(6) 银行在水果店南边。
(7) 银行旁边有一个电影院。
(8) 银行对面是一个学校。

在情境教育中,情境的选择与设计至关重要。教师应选择与教学内容及生活实际高度相关的特殊情境,引导学生在规定性情境下,学习表达与沟通。在本案例教学中,笔者设置好社区这一典型情境之后,给予了学生充分自由,让其自主选择位置、即兴语言交流,这一活动充分体现了言语作为交际工具的重要价值,将听与说相联系,通过语言内化与外化的不断交替,对学生语言表达能力的培养和思维活力的激发具有积极的意义。

2.3 角色

除了情境教学,角色扮演活动也颇具戏剧特色。古希腊哲人亚里士多德认为戏剧起源于人类摹仿的天性。作为代言体艺术的戏剧,角色是其核心概念,角色对生活的摹仿构成了传统戏剧的存在,更重要的是,角色也活跃于现代社会的方方面面。因此,角色意识的培养、理想角色范本的塑模、自我角色的塑造都可以成为汉语教学的方式与手段,在促进汉语教学的同时,提升学生的角色意识和角色表演能力。

在本案例中,笔者设计了一个与角色相关的戏剧活动。先邀请半数同学起立拍集体照,鼓励学生运用夸张的身体语言和面部表情来拍照,并在拍照留念后,借鉴戏剧塑形方法(Frozen)保持人物冻结静止,然后请剩余同学借助想象来介绍"我家的照片",先设定自我角色身份,然后根据同学的形体动作来想象其在本人家庭中的角色身份,对"家人"进行介绍,并在可能的情况下,结合"家人"的工作、年纪、性格等,丰富表达内容,也是对前几课学习内容的再度操练。一组完成后,双方互换角色、任务。运用到的方位句型如:

(9) 左边/右边/前边/后边/中间是 A。
(10) A 在 B 的左边/右边/前边/后边。
(11) A 在 B 和 C 的中间。
(12) A 的前边/后边/左边/右边有几个人?

这是对前述"变换队形"练习中出现句型的复现和演练,由于学生身体语言的夸张、家庭身份的丰富想象,能营造出生动有趣、富有感情的学习氛围,学生在情感化的情境中,以感知角色为基础,确认自我与他人的身份,继而用得体恰当的语言来介绍想象中的"家人",会产生意想不到的良好效果。

3 教育戏剧介入汉语国际教育的价值探询

3.1 强化动机,丰富体验

教育戏剧是语言学习的有效手段,它借助生动、具象的戏剧方法,强化学生的学习动机、激发学生的想象力和创造力,并进一步刺激学生交流与表达的欲望。美国美学家苏珊·朗格认为戏剧实质上是人类生活——目的、手段、得失、浮沉以至死亡——的映像……它创造了自身特有的基本抽象,从而获得了某种对历史进行摹仿的独特方式。[9](P.354) 通过戏剧化的学习方式,学习者在习得语言的同时,也能丰富内心的心理体验,体味不同情境、不同角色身份中的人生意趣,更深刻地理解人类生活。

3.2 合作学习,交际至上

戏剧是综合艺术,它的完成有赖于集体协作,同样地,教育戏剧也将互助合作作为教育的目标之一,而交际、交流则是合作之必需。教育戏剧家 Betty Jane Wagner(1998)指出,戏剧允许学生在信息化的、有表现力的、交互性语言模式中寻求平衡。作为学生,去扮演不同的角色,可以学习如何运用多样化的模式或语言类型去进行交流。[10](P.35) 在戏剧化的汉语习得环境中,学生的角色扮演、对话、行动等都离不开彼此协作,而言语沟通的技能、互助合作的精神也正是在这一过程中逐渐培养起来的。

3.3 乐学环境，和谐愉悦

戏剧教育家 Joe Winston 认为，如果足够投入的话，他们（指学生）所扮演的角色会提供与面具相同的解放性功能，使他们感觉到足够的安全去冒语言上的风险，否则他们会因为自我意识的过于清醒而不敢去尝试。[5](P.3) 教育戏剧能够通过角色扮演等活动，以身份的假定性为学生提供一个安全的场所，帮助他们锤炼语言、自然交际，在和谐愉悦的环境中引导学生积极主动地学习、提升包括语言技能在内的综合素养。

3.4 学以致用，知行合一

语言教学的基本原则是精讲多练、知行合一，强调应用性和实践性，汉语国际教育也不例外。Julia Rothwell 的二语教学实践及研究表明，师生对戏剧的全情投入，激励着冒险与参与，为了即兴交流的需要，广大学生在运用有限语言进行实验时，变得更加自信了。[11](P.66) 教育戏剧正是这样一种极富激情的活动，它方法多样、灵活机动，能为学习者提供多元化的学习策略，它将富于创造性、趣味性、实践性的言语实践活动应用于不同的教学内容，具有很强的适应性。

4 对教育戏剧介入汉语国际教育的反思

运用教育戏剧的方式从事汉语国际教育是笔者数年来不懈探索的方向，在过程中既积累了经验，也吸取了教训。经过不断的教学实践和持续反思，笔者认为，有以下几个问题需要引起重视：

其一，不同国别的学生，在参与教育戏剧汉语课堂实践时，反映出了一定的国别差异，例如欧美学生较为热情奔放，乐于表现自我，而东南亚学生则相对腼腆，不太敢于当众表达，特别是肢体表达更为拘谨，因此需要教师对他们给予重视，不断鼓励、引导、肯定，同时也要注意到同国别学生的差异性发展，借助于同国别学生的榜样力量，发挥其示范性作用，继而引导广大学生投入到教育戏剧课堂实践中。

其二，戏剧情境的创设与人物角色的设计是教育戏剧应用于汉语课堂实践的重点与难点，教师必须紧密结合教学内容与学生现有水平，设计出既符合学生程度、贴近教学目标，又有较强趣味性和实用性的情境和角色，这样才能实现理想的教学效果。需要注意的是，对于新手教师而言，切勿为了活动而活动，为了设计而设计，要避免眼花缭乱的戏剧活动之后，学生的汉语技能却无法提升现象的发生。

其三，营造安全、互信、轻松、愉悦的教学氛围是教育戏剧成功的关键，而首先需要释放自我的正是汉语教师本人。模仿和表演是人的内在天性，教师并不需要接受专业的戏剧训练，需要的是自信、自如的肢体表达和开放、包容的心态，当教师松弛了，进入了教育戏剧的情绪状态，学生自然也能感受到这种松弛，能够更自信地表达与创造，从而营造起和谐的课堂氛围，进一步促进学生的汉语习得与身心成长。

结语

早在 20 世纪 60 年代末,教育家 James Moffett 就直陈戏剧与说话都是语言课程的中心,他视戏剧为所有语言活动的学习之母。[12](P.60-61) 近几年,笔者一直致力于将教育戏剧与汉语国际教育实践相结合的实验。通过多元化教育戏剧手段的运用,通过对自身课堂教学的批判性反思,通过对学生汉语发展水平的持续关注,笔者深深认同了 Moffett 的观点,"学习之母"的说辞并非言过其实。在纷繁复杂、多元繁盛的后方法时代,汉语国际教育不再为某一种理念或方法所统领,教育戏剧作为一种具有扎实根基且得到大量实践检验的教育方法与教育模式,完全有可能在汉语国际传播事业中有所作为,彰显价值。未来,它还有可能应用于汉语国际教师培训、中华文化传播等更广泛的领域,为汉语与中国文化走向世界发挥更大的作用。

参考文献

[1] Kathleen Gallagher and David Booth. *How Theatre Educates: Convergences and Counterpoints with Artists, Scholars, and Advocates* [A]. David Booth, *Towards an Understanding of Theatre for Education*[C]. Toronto: University of Toronto Press, 2003.

[2] https://en.wikipedia.org/wiki/Henry_Caldwell_Cook.

[3] John Dewey. *Art as Experience*[M]. Perigee Books, 2005.

[4] Ivan Turecek. The Significance of Theatrical Activities for English Instruction in Primary School[J]. *European Education*, vol. 29, no. 4, Winter 1997—98.

[5] Joe Winston. *Second Language Learning Through Drama: Practical Techniques and Applications* [A]. New York: Routledge, 2012.

[6] Alan Maley and Alan Duff. *Drama Techniques in Language Learning* [M]. Cambridge: Cambridge University Press, 1992.

[7] 斯坦尼斯拉夫斯基. 斯坦尼斯拉夫斯基全集(第二卷),演员的自我修养(第一部)[M]. 北京:中国电影出版社,1959.

[8] 黑格尔. 美学(第1卷)[M]. 北京:商务印书馆,1979.

[9] 苏珊·朗格. 情感与形式[M]. 北京:中国社会科学出版社,1986.

[10] Betty Jane Wagner. *Educational Drama and Language Arts: What Research Shows* [M]. Portsmouth: Heinemann, 1998.

[11] Joe Winston. *Second Language Learning Through Drama: Practical Techniques and Applications* [A]. Julia Rothwell, *Drama and Languages Education: Authentic Assessment through Process Drama*[C]. New York: Routledge, 2012.

[12] JamesMoffett. *A student-centered language arts curriculum, K-13*[M]. Boston: Houghton-Mifflin, 1968.

美国中学生别字现象分析及教学建议

杨雪丽[①]

[摘 要] 写别字是古今中外汉字书写者共有的问题。本文以8个美国中学生所写的"别字"为考察内容,通过分析认为,这些别字与正字形近的比较少,音同或音近的比较多;写别字和书写者的汉语水平无关,和所写文章字数的多少有关、和认真程度有关。教师在对外汉字教学过程中应该根据学生的实际水平,适当讲解汉字字理,适时比较正字与别字,注重培养学习者汉字形义之间的关联意识,帮助学习者更好地掌握规范汉字,尽量少写或不写别字。

[关键词] 写别字;美国中学生;汉字字理

The Misuse of Homophonic Chinese Characters among American Middle School Students and Some Teaching Tips

Yang Xueli

[Abstract] The misuse of homophonic Chinese characters is common for learners of Chinese as a second language as well as native speakers. This paper analyzes the misuse of homophonic Chinese characters by eight American high school students and finds that such misuse is related to the number of characters used and the learner's attitude, rather than the learners' language proficiency. A teacher of Chinese as a second language could explain the theory of the composition of Chinese characters and compare the wrongly written character with the right one. The teacher could also help the learners to create an association between the shape and meaning of Chinese characters so they could better read and write Chinese characters with fewer mistakes.

[Key Words] homophonic Chinese characters; American high school students; comopistion of Chinese characters

1 引 言

错别字是"错字"和"别字"的合称。"错字"指误写正字字形而形成的音义均不同的汉字

[①] 作者简介:杨雪丽,南京大学海外教育学院副教授,研究方向为汉语史、对外汉语教学。

或不成字的非字形体;"别字"指误写正字字形而形成的同音不同义的汉字。写错别字是古今中外汉字书写者都会犯的一种错误,尤其是处在学习阶段的中小学生,国内学界关注错别字问题的大多是从事中小学语文教学的老师,他们撰写了大量的文章,从不同的角度研究错别字发生的原因和类型,也提出了许多应对方案和策略。但目前在对外汉语教学研究领域,还鲜有学者对外国人写错别字的问题予以关注。

此外,关注国内中小学生错别字问题的学者通常把"错字"和"别字"放在一起考察,笔者不以为然。就已有的研究成果来看,不论是形成的原因还是纠正的方法,"错字"和"别字"都有不同。"错字"的核心是"错",通过多写多练通常是可以改正的;而"别字"的核心是"误",虽说"误用"的原因不外乎"音同(近)"、"形似"两种,但如何才能有效地规避"误用"目前还没有特别好的方法,否则"写别字"也不会成为古今中外汉字书写者的"保留项目"。随便翻开一部古典文献,包括所谓的"经"类书籍,其中都不乏"别字",只是当时没有规定用字规范,古人把"写别字"称为"古音通假"。这一名称精准地指出了"写别字"的特点:人们把"正确的字"写成另外一个"不正确的字",是因为这两个字音同或音近。

汉字是用来记录汉语中的词语的,当一个字和其所记录的语素之间的对应关系在书写者的记忆中不甚清楚,或者书写者一时疏忽,书写者写成另一个音同或音近的字,是再自然不过了。母语者尚且如此,对应文字是表音文字的书写者则更容易发生这样的问题。基于"错字"与"别字"的不同,也受篇幅所限,本文暂且只讨论二语学习者"写别字"问题。

2016年7月,由南京大学海外教育学院和美国国际教育委员会共同承担的为期六周的NSLI-Y项目[①]在南京大学海外教育学院如期展开。该项目共分三个班,笔者教高级班的综合汉语课。教材选用的是北京语言大学出版社出版的《汉语教程》第二册(下)。由于课文多为对话体,而学生普遍口语水平高于写作水平,所以每学完一课都会要求学生用叙述体复写课文的主要内容。要求课上定时完成,不会写的词语可以写拼音。本文所考察的别字就来自这些书写练习。

2 美国中学生和他们所写的"别字"

NSLI-Y项目高级班一共8个学生,学生的基本情况见表1。

表1 NSLI-Y项目高级班学生的基本情况

学生	年龄	种族	在家是否说汉语	学习汉语的时间	是否上过中文学校	汉语老师情况	AP成绩
X	18	华裔	说	一直在学	上过10年	中国大陆人	未参加考试
Y	16	中外混血	有时说	4年 2~3课时/周	没上过	中国大陆人	5分
Z	15	华裔	不说	6年 8课时/周	上过2年	伊斯兰人;中国大陆人	未参加考试

---

① NSLI-Y项目由美国国际教育委员会负责,为美国15岁~18岁的中学生提供在中国以浸入式方式学习汉语的机会。学生都具有一定的汉语水平。

(续表)

学生	年龄	种族	在家是否说汉语	学习汉语的时间	是否上过中文学校	汉语老师情况	AP 成绩
L	18	墨西哥裔	不说	近 4 年 4～5 课时/周	没上过	中国大陆人	5 分
D	17	英裔	不说	近 5 年 2～3 课时/周	没上过	中国台湾人；中国大陆人	未参加考试
M	17	德裔	不说	8 年 5 课时/周	在杭州学过 4 周	中国大陆人	5 分
F	18	英裔	不说	近 10 年 2～3 课时/周	没上过	中国台湾人	4 分
S	17	德裔	不说	近 4 年 4 课时/周	没上过	美国白人	未参加考试

这些学生都表示喜欢学习汉语，但有人表示不太喜欢写汉字。表 2 和表 3 是从他们复写课文的书写练习中整理出来的别字。不包括其他书面作业。按照惯例，本文根据别字和正字的关系分为"形近的别字"和"音同（近）别字"两类。

表 2　NSLI-Y 项目高级班学生因形近而写的别字表

学生	形近的别字
X	好（她）；摊建（推荐）
D	好（她）
M	准（谁）2①
L	咸（成）

因形近而写别字情况比较少。有很多学者将此类归为"别字"，但就其生成的原因和纠正的方法来看，笔者认为将其归为"写错字"也许更合适一些。因为，因形近而写别字和写错字有许多相通之处：它们都是因为书写者没有完全掌握正字的写法而造成的，只是"结果"有所不同：或为非字，或为形体上相似的另外一个字，若写成非字，错误更明显一些罢了。再者，从根本上说，汉字是用来记录词语的符号，如果所写的字，其意义和读音与其所记录的词语都没有关联，那不是错字又是什么？

表 3　NSLI-Y 项目高级班学生因音同音近而写的别字表

学生	音同音近而写的别字
X	票（漂）亮 2；同议（意）；做（坐）出租车；楼方（房）；四和（合）院；然（让）到；会（回）到；拿（弄）；近（进）来；手（受）伤；更（跟）；其是（实）；每趟（堂）课；摊建（推荐）；满（蛮）2
Y	方（房）子 4；道（到）她家；话体（题）；其是（实）

---

① 括号里的是"正字"。数字表示这种别字发生的次数。下同。

(续表)

学生	音同音近而写的别字
Z	觉(决)定2；进(讲)故事；近(进)去；撬(敲)开；手题(提)包；历(厉)害；玛理(丽)2
L	多(读)懂；古(故)事；坐(座)位
D	老师门(们)；品常(尝)
M	讲古(故)事；方(放)在；理(里)；这坐(座)山；主(注)意；现(先)去；会(回)到南京
F	采(菜)；座(坐)出租车
S	时后(候)；潘(盘)子；亭(停)车；座(坐)缆车；待(带)了；古(故)事

根据学生的基本情况和此类别字，可以得出如下结论：

第一，别字和正字声母韵母相同、声调不同的情况非常多。这是因为声调学习本来就是欧美学生的弱项，由于对声调掌握得不够准确，在书写过程中，也表现在了写别字方面。如方/房，会/回，手/受，等等。

第二，写别字和学生汉语水平的高低没有直接关系，和所写文章字数的多少有关。班里写别字比较多的并不是汉语水平不好的同学，而是听说读写都比较好的同学。他们的书写练习通常写得比较长，字数比较多。字数多，别字也多。

第三，写别字和书写者的书写态度有关。例如，在作为测试的书写练习里，全班只出现了1个别字：古/故。

3 教学建议

别字是汉字书写者的不速之客。为了更好地帮助外国学习者掌握规范汉字，结合国内中小学语文教学的经验，笔者提出如下教学建议。

3.1 适当讲解字理，培养学习者根据字义记忆字形的能力

写别字，表面上看是字形的问题，其实和字义有很大的关系。人们从汉字的部件组合中分析出来的造字意图叫"字理"。汉字的字形结构体现着它所记录的词的意义。汉字发展到今天，有些字的字理已经失去，但有许多字的"字理"仍然完好或部分保存着。对外汉字教学提倡科学利用字理进行汉字教学，引导学生通过分析字形以获得这个字所表达的义类，培养学习者根据字义记忆字形的能力。也就是说，了解汉字字形结构可以帮助学习者获知词义；掌握字形与词义之间的对应关系，又可以帮助学习者正确书写汉字。明白了这个道理就不难明白，规避写别字的最好方法就是，根据学生的实际水平，适当讲解字理，培养学习者根据字义记忆字形的能力。

3.2 适时对比别字和正字，指出写别字的原因

在教学过程中，指出"别字"很重要，让学生明白写"别字"的原因从而引以为戒更重要。究其原因，"写别字"多是因为书写者头脑中记得的不是字形和其字义的关系，而是字形和其音节的关系。加之汉语又存在着大量的同音字，于是，当书写者写到某个字词时，如果记忆

中和字义相关联的字形是模糊的,和字音相关联的字形是清楚的,那么这个时候就会发生"写别字"的行为。因此,在对比正字和别字的时候,应该从形音义的关系入手,帮助学习者建立字形和字义的关系。

3.3 加强汉语学习,规避"写别字"

从写作上来说,"写别字"并不是个大问题。这也是为什么"古音通假"并不影响阅读的原因。可是,表3中"多/读"、"然/让"、"拿/弄"等这一类"别字"问题就比较大。发生这种"别字"的原因很复杂,可能是家庭汉语的影响,也可能是学习者某个词语的发音没有掌握准确,也可能是写错了字等等,总之,和国内中小学生"写别字"的情况相比,国外汉语学习者"写别字"的情况要复杂很多,尤其是华裔学生。这就要求教师在教学过程中,注重基础,严格要求,帮助学习者循序渐进地掌握汉语。

韩国学生元音"e"及与"e"相关的元音分析
——国际汉语教育语音案例教学[①]

郭 茜 毛小平[②]

[摘 要] 本研究以语音教学为例,针对汉语国际教育专业硕士培养以及汉语师资培训,探讨汉语作为第二语言教学的方法问题。本文的观点是:应以研究生或新教师的自主研究引起和推动教学。本案例先把研究生分组,要求根据一份语音问卷表对一韩国学生进行录音,然后根据外国学生自述和小组成员的分析,确定该项语音研究的重点为元音"e"及与"e"相关的元音。在此基础上,用 Praat 软件和 Spss 软件对研究中派生出的该外国学生的三次录音和某中国学生的相关录音进行对比分析。在分析的基础上总结发音特点并对结果进行说明。通过该语音案例教学,本文认为:汉语国际教育及师资培训,毫无疑问应重视教学,但是研究既是教学的基础和支撑,对于没有经验的研究生和新教师来说,也是发现问题所在的重要途径。

[关键词] 国际汉语教育;语音;案例教学;e 及相关元音;教学方法

Teaching the Pronunciation of e and Related Vowels: A Case Study of Korean Students

Guo Qian　Mao Xiaoping

[Abstract] Based on a comparative study of teaching pronunciation, this study aims to discuss the method of teaching Chinese as second language. Recording the pronunciation of a Korean student and a Chinese student each for three times, this study analyzes the pronunciation with PRAAT and SPSS to find out the problems for the Korean student in his pronunciation of e and related vowels. Based on our findings, this study also gives some suggestions for the teaching Chinese as a second language.

[Key Words] Chinese as a second language; pronunciation; vowel; teaching method

0 引 言

本文以一项语音研究报告为例,面向汉语国际教育专业硕士生培养以及汉语师资培训,

---

① 感谢韩国学生洪石吉等同学对本文写作的支持。
② 作者简介:郭茜,南京大学海外教育学院副教授,研究方向为对外汉语教学、社会语言学;毛小平,原为南京大学汉语国际教育专业硕士生。

探讨汉语作为第二语言教学的方法问题。以往在探讨语音教学时,或是相关语音研究文献的阅读和讨论,或是对于留学生发音难点的研讨。但是研究生因为没有对外国留学生发音情况的直观感知,更没有相关语音教学的经验,因此语音教学常常收效甚微。该项语音案例教学,旨在运用团队学习、案例分析、现场研究、模拟训练等培养专业硕士的推荐指导方法,使研究生或被培训者能将对留学生的语音感知和分析研究结合在一起,使理论与应用、知识与技能紧密地结合在一起。

该项研究把培训的对象分为若干小组,以教师设计的一份统一的语音问卷为基础,安排各小组对某一外国学生进行专项调查。该项语音问卷由普通话声韵系统、涵盖全部普通话声韵调的单音节字、各种声调搭配的双音节字词、一段语料阅读及一段自由说话录音共计五个部分组成。各小组以次为基础展开调查和分析。以下是其中的一份研究报告。

1 研究问题的提出

1.1 从被试 H 总体语音面貌基础上找问题

元音 e 及相关的问题:元音 e 以及与元音 e 相关的韵母如 ie、ue 等发音问题比较严重。

辅音 b、f 的问题:辅音 b、f 发音有误,在"部分"一词中这个问题尤其突出。

声调:第一声和第四声较好,第二声和第三声容易相混。

在朗读单字、词语和片段部分,由于标注了拼音,除了少数的字词发音有误外,其余皆比较标准。自由说话部分因为是即兴发言,H 比较关注内容而无暇兼顾发音,因此在音高、音长、音强等方面不很标准,带有韩语的腔调,但是可以识别理解。

H 在元音 e 以及与元音 e 相关韵母的发音上和汉语标准发音存在一定的差距,这种偏误是有规律可循的,因此小组决定对 H 的元音 e 及相关发音进行究。

1.2 从被试 H 对发音的自我评价和录音感受找问题

被试觉得自己还有许多发音上的错误和不足之处。比如当读到含有第二声的单词时就会感到有点吃力,使得整个句子听起来不太连贯。当与别人对话的时候,如果要注意让每一个字的发音都完全正确,就会感到有点困难。此外,被试自己觉得他的汉语听起来还是有比较明显的韩国语腔调。

H 通过这次录音发现:

1. "e"发音不太好。

2. "xue、die"等后面带"e"的音节发音错误是主要由于发音长短不正确造成的。

原因分析:

1. "e"发音不太好:韩国语语音中没有相同的发音。在韩语 10 个近似的基本元音中,与"e"发音最相似的是"ㅓ"。所以在当发"e"时,常会用韩国语基本元音"ㅓ"代替,这就导致发音不准确。可是在韩国大部分的汉语发音教材里是用"e[비교그림플래수]"这样说明的,这也造成了一定的误导。

2. "xue、die"等带"e"的发音错误是由于发音长短不正确造成的。

xue 这个发音在一般韩国语中用两个音节"쉬에:xu=쉬,e=에"表示,所以每个音节的发音长短分别是 50%、50%。可是正确的发音结构大致应该是 70%、30%。

新迁移理论认为,那些在目的语中是"新的"或是在母语中找不到对应的或近似的发音的,比那些能够在母语中找到近似发音、但又与目的语有一点差异的语音更容易习得。Flege(1995)的语言学习模型就是新迁移理论的代表。该模型根据母语语音和二语语音的相似程度,将语音分为四个难度等级。综合录音分析和被试 H 的自我评价,我们发现"e"在韩语中只能找到近似音,而韩国教科书也引导学生把"e"与韩语中相近的语音进行参照学习。因此,我们把"e"及与元音"e"相关的韵母最终确定为研究重点。

2 第一次数据分析和结果

发元音时,声带为生源体。声带振动产生基频和陪音。其中的基频(fundamental frequency),简缩记为 FF,声带以上的部分是声道,声道是发音时的共鸣腔。在共鸣腔中对基频共鸣,形成共振峰。这种共振峰(formant),简缩记为 F。一个具体元音的基频只有一个,但基频的共振峰不止一个,分别简缩记为 F1,F2,F3 等。发元音时如果不改变基频的频率,只改变共振峰的频率,音质就会发生变化。如果改变基频的频率,而不改变共振峰的频率,音高就会发生变化,但音质不变。人脑辨别元音,主要是辨别 F1,F2,F3。因为元音舌位的高低与 F1 有关,舌位越高,F1 的频率就越低,而舌位越低,F1 的频率就越高,二者之间成一种反比的关系。元音舌位的前后与 F2 有关,舌位越前,F2 的频率就越高,而舌位越后,F2 的频率就越低,二者之间存在着一种正比的关系。F3 一般来说与嘴唇的圆展度有关,但是因为相关方面的参考资料很有限,故而我们在此次研究中也未涉及。

所以,在对 H 的音频分析中,我们用于分析元音"e"及相关元音的方法,主要是对其共振峰的频率变化进行分析,从而推知发音时舌位的情况。根据第一、第二共振峰数值变化虽然可以推断舌位高低前后变化的大概趋势,但并不能精确地判断变化的量,这是因为共振峰反映的是发音器官各种特征的综合效应,更符合听觉分析。因此该项研究我们也尝试使用 spass 软件对数据进行统计和分析。

2.1 被试 H 与中国男生 C(普通话达到一级乙等水平)的对比

以"ge"为例,我们对 H 的发音进行了分析。

图 1 H"ge"的声带波形图和宽带语图

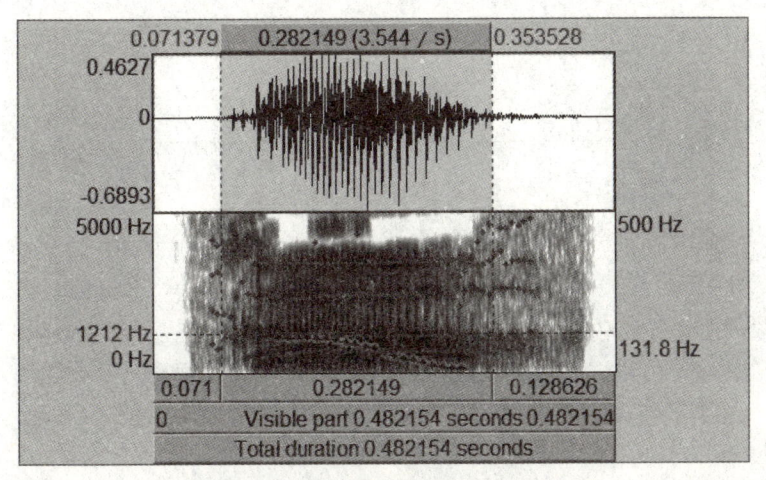

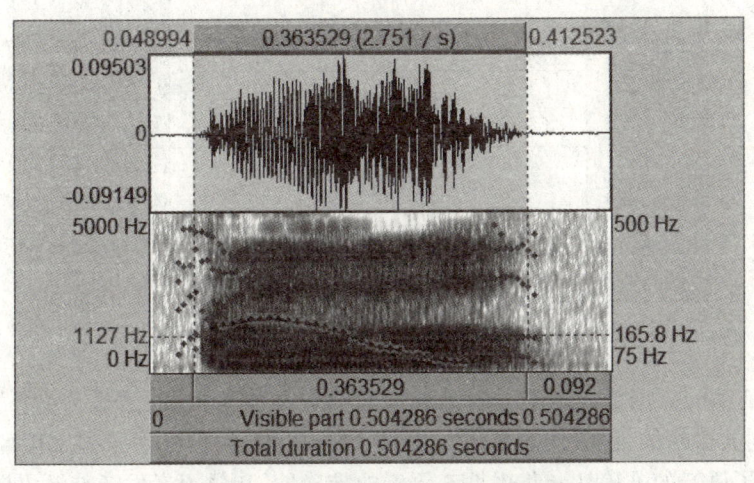

图 2 C"ge"的声带波形图和宽带语图

从图像上,我们可以直观地看出 H 和 C 在发"ge"这个音时的一些信息:如 H 的语音时长要比 C 的短;H 的振幅比 C 大很多;H 和 C 的音高也不同;H 的声波波形的形状像一个椭圆形,声波振动的形式是先升高再降低,整个音节的发音看不出声母和韵母,就像在发一个单独的辅音或者韵母,而 C 的波形则可以看成一条长线,声波振动的形式是先升高再降低,再升高,再降低,可以看出整个音节是由两部分组成,声母和韵母;H 的"ge"的音节发音末尾具有明显的摩擦音特征;H 和 C 都具有四条比较清晰的共振峰;等等。其中,图中四条由黑点组成的线,正是我们需要重点研究的共振峰。从下面往上数,依次为 F1,F2,F3,F4。

为了研究共振峰,我们利用 Praat 软件,选取上图中某一时刻相对稳定的一组共振峰,利用脚本运行器,提取了 H 和 C 的两组共振峰数据,图片如下:

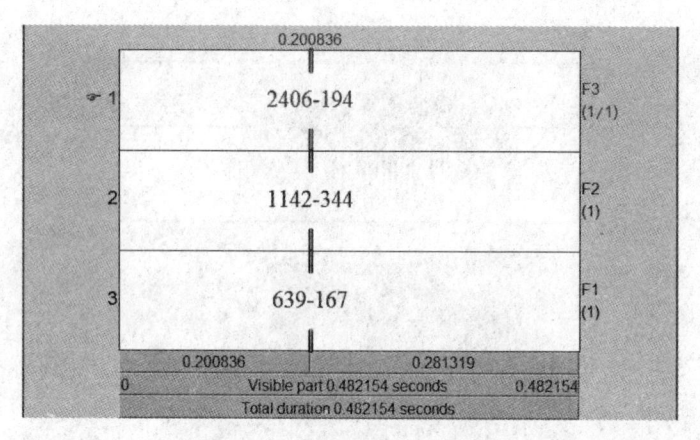

图 3 H"ge"的 F1,F2,F3 等数据

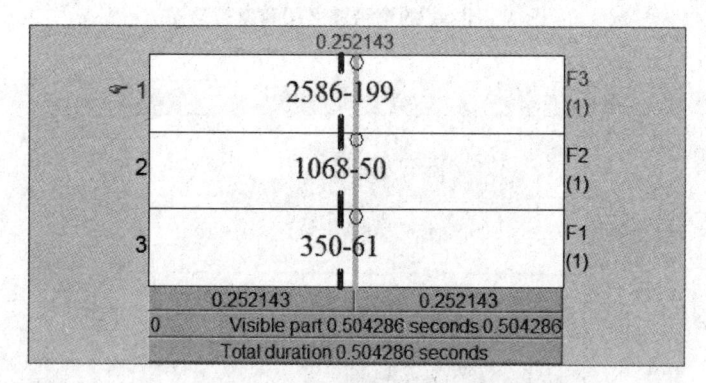

图 4 C"ge"的 F1,F2,F3 等数据

其中"-"前面的数据是表示某一时刻共振峰的中心频率值(代表音质),"-"后面的数据表示某一时刻共振峰的带宽(代表音高)。在此次分析中,我们参考了温宝莹(2008)的实验方法,测算出了语音的准确性和集中性。语音的准确性,指学习者发音与汉语标准发音的接近程度;语音的集中度,是指学习者发同一组汉语语音,各语音之间的接近程度。

2.2 语音准确性分析

考虑到某一时点的共振峰数据并不具有说服力,故而,我们选取了其中相对稳定的三组数据,利用 Spss 软件对其进行了均值计算。数据如下:

表 1 H 和 C 的 F1 和 F2 的均值

H	F1(HZ)	F2(HZ)	C	F1(HZ)	F2(HZ)
ben	569.667	1 083.333	ben	569.667	1 522.667
cheng	506.333	1 190.333	cheng	499.333	1 009
de	614	1 073	de	390	1 102
ge	649.333	1 164.667	ge	404	1 069.667

(续表)

H	F1(HZ)	F2(HZ)	C	F1(HZ)	F2(HZ)
he	573	1 040.333	he	436.667	976.333
jie	372	2 093	jie	369.333	2 148.333
ke	600.667	1 077.667	ke	424	1 077.333
le	524	1 242.333	le	523	1 234.667
mei	520	2 001	mei	469.667	1 455.667
men	568.667	1 376.333	men	568.333	1 453.667
peng	759	1 311.667	peng	586.333	988.333
ren	429.667	1 554.667	ren	451.333	1 690.667
sheng	429	1 230.667	sheng	492.667	1 248.333
wei	431.667	1 815.333	wei	529	1 885
weng	744	1 642.333	weng	450.667	880
xue	462.667	1 827.333	xue	354.333	1 840.667
zhe	666	1 298.667	zhe	463.667	1 082

通过对数据的分析,可以概括如下:

1. 元音发音舌位高低比较。因为 F1 与舌位的高低有关,呈现反比的关系,所以通过分析 F1 数据,可以知道 H 与 C 发音时舌位的高低关系。

结果显示:当 H 在发"de,ge,he,ke,zhe"时,其中单元音"e"的发音舌位要低,因为这几个音节中 H 的 F1 数值都比 C 的高很多;当 H 在发"le"时,其发音舌位高低与 C 一样;当 H 在发"ben,men,ren"时,其中前鼻音"en"中的"e"的发音舌位高低与 C 接近;当 H 在发"cheng,sheng"时,其中后鼻音"eng"中的"e"的发音舌位高低与 C 接近;当 H 在发"peng,weng"时,其中后鼻音"eng"中的"e"的发音舌位高低要比 C 舌位低;当 H 在发"jie,mei"时,其中双元音"ie""ei"中的"e"的发音舌位高低与 C 基本接近;当 H 在发"wei"时,其中三元音"uei"中的"e"的发音舌位要比 C 高一点,但也不是很明显;当 H 在发"xue"时,其中双元音"ue"中"e"的发音舌位要比 C 低。

2. 元音发音舌位前后比较。因为 F2 与舌位的前后有关,呈现正比关系,所以通过分析 F2 数据,可以知道 H 与 C 发音时舌位的前后关系。

结果显示:当 H 在发"ge,zhe"时,舌位要比 C 靠前;在发"de,he,ke,le"时,舌位前后基本与 C 一致;发"ben,ren"时,H 舌位比 C 靠后,发"men"时则与 C 舌位前后差不多;发"cheng,weng,peng"时,H 舌位比 C 靠前,而发"sheng"时,却基本一致;在发"jie,wei,xue"中双元音时,H 舌位前后与 C 基本一致,而在发"mei"时,H 舌位明显偏前。

3. 分析者感知与 Praat 的数据分析不吻合。"le"这个音,数据显示,H 和 C 发音时的舌位前后高低基本一致,但在我们的感知中,它却是一个错误的发音。

2.3 语音集中性分析

方法是先求出 H 和 C 所测元音第一共振峰和第二共振峰的组内最大值和最小值的差,

再以前者除以后者。计算公式如下:

$$\frac{F1(F2)学习者最大值-F1(F2)学习者最小值}{F1(F2)母语者最大值-F1(F2)母语者最小值}$$

其结果表明了 H 发某一元音时,其 F1 或者 F2 的离散程度与 C 之间的倍数关系。如果比值为 1,表示 H 发音和 C 发音的集中度很接近,H 的发音较稳定;如果差异越大,那么这个比值也越大(大于 1)或者越小(小于 1)。所得测试数据如下:

表 2 H 的 F1 和 F2 离散率数据

	F1 离散率	F2 离散率	F1 * F2 离散率
ben	1.104	1.019	1.125
cheng	2.003	3.343	6.697
de	2.654	0.103	0.273
ge	1.301	1.406	1.829
he	0.102	0.676	0.069
jie	1.044	1.058	1.104
ke	2.286	0.518	1.185
le	0.798	0.443	0.353
mei	0.701	1.24	0.869
men	1.929	1.248	2.408
peng	1.192	1.328	1.584
ren	1.451	1.735	2.517
sheng	1.815	1.759	3.192
wei	0.459	0.713	0.327
weng	3.336	0.785	2.618
xue	5.375	1.957	10.516
zhe	9.8	0.423	4.148

通过对语音集中度的研究,可以概括如下:

1. 在发"ben,jie"这两个音节中的"e"时,H 离散率小,说明 H 已经习得了这两个音节中的"e"。

2. 总体来说,H 的"e"具有很强的离散性,不具有集中性。

(1)"e"的集中度。H"ke"中"e"整体集中度虽然与 C 相近,但是单维度上的 F1,F2 离散率却比较高;"de,ge,he,le,zhe"中"e"的 F1,F2 单维度上的离散率以及整体离散率都比较高,没有稳定性。

(2)"en"的集中度。H 发"ben"具有和 C 一样的稳定性,但是"en"中的"e"在和不同的声母组合中却具有很强的不稳定性,F1 的离散率和 F2 的离散率并无规律可循,如"men,ren"。

（3）"eng"的集中度。H"peng"中"e"F1维度上的离散率接近C,发音的偏差在于F2;"weng"中"e"F2维度上的离散率接近C,发音的偏差主要是在于F1;"cheng,sheng"这两组数据中的"e"整体离散率比较高,F1,F2单维度上的离散率也较高,具有不稳定性。

（4）双元音的集中度。H"jie"中"e"的整体集中度以及F1,F2维度上的集中度都与C接近,可以说习得了双元音"ie";"mei,xue"中,"xue"的离散率十分显著,达到了所有测试数据中最高的离散程度。

（5）三元音的集中度。H"wei"中"e"F1维度离散率远远高于F2,说明"wei"的发音误差主要就在于F1。

3 第二次数据分析和结果

在第一次录音和分析的基础上,我们又对测试者进行了两次录音,并对第一次、第二次及第三次录音进行了对比。

在对H第一次录音分析的基础上,我们将H与"e"相关的发音错误挑出来让H进行了第二次录音。第二次录音之后,我们对H进行了第二次录音中相关偏误的语音纠正,之后进行了同样内容的第三次录音。将H第一次录音,第二次针对性的专项录音以及第三次经中国学生辅导纠正后的正确发音进行对比,看他纠正前后的发音变化。

以"le"为例,其中第一次的发音错误明显,第二次接近正确发音,第三次为纠正以后的发音。

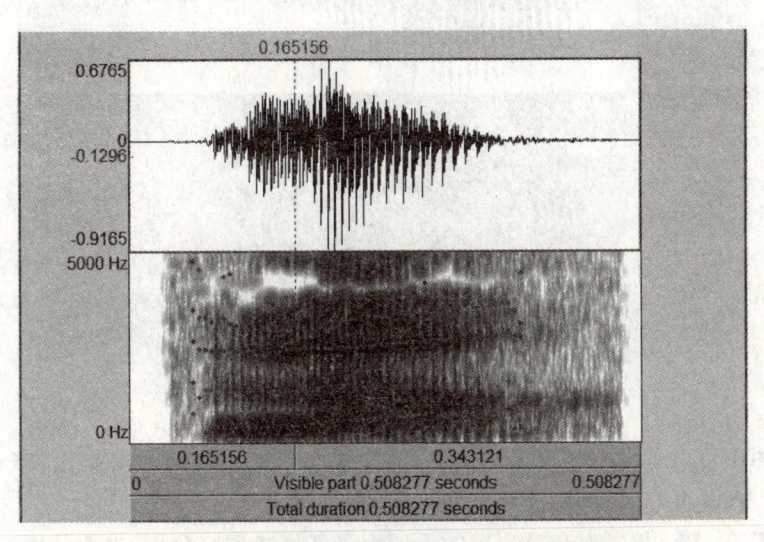

图5 H"le"第一次的测试波形图和宽带语图

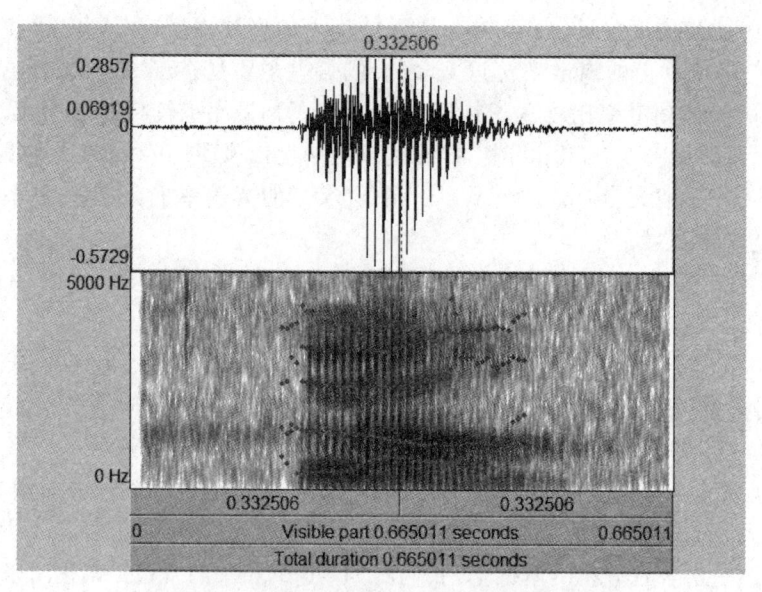

图 6　H"le"第二次的测试波形图和宽带语图

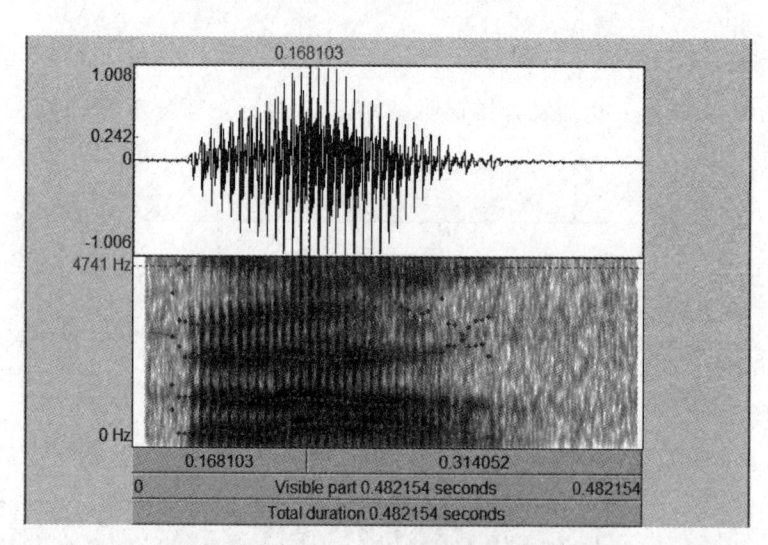

图 7　H"le"第三次的测试波形图和宽带语图

从三幅图中可以看出一些直观的信息,第一次与第二次及第三次相比,声音波形、振动形式、振动幅度、共振峰、摩擦性等都有所不同。

将测试者第一次,第二次和第三次的十四个录音资料进行分析,选取其中三个时点的共振峰,算出三组共振峰的平均值,得出数据汇总如下:

表3　H三次录音的共振峰均值

第一次	F(HZ)	F2(H2)	第二次	F1(HZ)	F2(HZ)	第三次	F1(HZ)	F2(HZ)
ben	564	1 068	ben	666	1 021	ben	565	1 058
de	588	1 033	de	694	1 005	de	490	1 200

(续表)

第一次	F(HZ)	F2(H2)	第二次	F1(HZ)	F2(HZ)	第三次	F1(HZ)	F2(HZ)
ge	639	1 142	ge	544	1 072	ge	485	1 247
he	579	1 059	he	597	1 004	he	472	1 183
le	419	1 319	le	699	1 088	le	544	1 274
mei	519	2 045	mei	500	2 035	mei	461	2 007
bie	430	2 104	bie	432	2 003	bie	452	1 960
men	809	1 099	men	263	1 340	men	904	1 605
peng	834	1 034	peng	223	1 025	peng	976	2 146
ren	577	1 470	ren	496	1 413	ren	920	1 296
wei	452	1 936	wei	456	2014	wei	430	1 540
weng	740	1 677	weng	501	875	weng	628	873
xue	450	1 874	xue	479	1 712	xue	441	1 972
zhe	683	1 354	zhe	650	1 134	zhe	856	1 427

结果显示和说明：

1. "de,ge,he,le,men,peng,ren,wei,weng,zhe"这些音节经过中国学生的语音感知和数据分析都可以看出，被纠正后得到了改进。

2. "ben,bie,mei"并没有改正最初的错误发音，这些音对 H 来说是需要特别注意的。

3. "xue"这个音节，在我们的语音感知中觉得 H 的第三次发音已经很接近正确发音了，可是数据分析发现其前后三次并没有什么变化，故而，我们觉得语音感知和数据分析有时会存在不吻合的情况。这个现象如何解释暂且存疑，留待进一步研究作出说明。

4 总　结

通过研究，研究生或教学新手对外国学生的语音面貌有了初步的感知。通过一步步不断地深入研究，既掌握了解决问题的方法，又可以把研究运用到教学中，对外国学生给予针对性的指导。因此，本文认为，汉语国际教育及师资培训，毫无疑问应该重视教学，但是研究既是教学的基础和支撑，对于没有经验的研究生和新教师来说，也是发现问题所在的重要途径。

参考文献

[1] 温宝莹.日本学生汉语元音习得的实验研究[J].语言教学与研究,2008(4).
[2] Flege, J. E., Second-language Speech Learning: Theory, Findings, and Problems. In: Strange, W. (Ed.), Speech Perception and Linguistic Experience, Issues in Cross-linguistic research. York Press, Timonium, MD, 1995: 233 - 277.

中国现当代文学在北美高校

（加拿大）段　炼[①]

[摘　要] 本文讨论北美高校近二十余年使用的中国现代文学教材，聚焦于纽约哥伦比亚大学出版的作品选集《中国现代文学》（英文版），探讨这部选本所涉的文选问题，认为这是一部相对较好的选本，但选编者仍然有欠客观的历史意识，而因个人的主观态度造成了文选的意识形态偏向。本文作者根据自己的个人教学经验，在本文中进一步讨论了使用这部教材而在教学实践中涉及的立论和方法问题。

[关键词] 正典；文选；翻译；意境；视角；凝视

Teaching Modern Chinese Literature in the US and Canada

Lian Duan

[Abstract] Discussing the topic of teaching modern Chinese literature in the universities in the US and Canada, this essay focuses on the textbook *The Columbia Anthology of Modern Chinese Literature*, and explores the issue of ideological bias in selecting literary works. Moreover, based on the author's teaching experience, this essay further explores how to use this book in classroom practice, and offers two samples of interpreting literary works with theoretical concepts "inscape" and "gaze".

[Key Words]　canon; selection; translation; inscape; perspective; gaze

笔者在美国和加拿大高校执教多年，主讲中文课程，对北美高校的中国现当代文学教学，有一些体会和思考，故从个人教学经验的角度，谈现当代文学的文选、立论、方法三问题，以求教于海外同仁，并与国内师友交流。

一　文选：正典与历史意识

北美高校的中国现当代文学课程，内容为现当代文学的历史背景和重点作品选读。无论是在美国还是加拿大的高校，无论是在亚洲语文系还是现代语言系，这门课都以英语讲授，教材均是北美出版的英文版本，于是，课堂讲授和学生阅读的作品，便受到译本文选的限制。

---

① 作者简介：段炼，加拿大康科迪亚大学。

讲授中国现当代文学，重点是作品分析，配以文学史的背景知识。我给学生指定的文学史教材有二，一是美国哥伦比亚大学1997年出版的《二十世纪中国文学》[①]，二是美国印第安纳大学2000年出版的《二十世纪后半期的中国文学》[②]。学生阅读的作品选本是哥伦比亚大学1995年出版的《中国现代文学作品选集》[③]。这是一部相当权威的译文文选，无论从哪个角度考虑，都比其他选本为优，因而为许多高校采用。但是，在具体的教学实践中，我仍发现这部文选存在许多不尽人意之处，尤其欠缺历史意识，难以准确反映中国现当代文学的面貌。虽然此书后来出了修订本，选目有些许变化，但本文所言之问题却依然如故。

《中国现代文学作品选集》的编排体例，不是与文学史相配的编年体例，而是按小说、诗歌、散文三大样式进行分类，然后在每一样式中，再划分历史阶段，有1918—1949年，1949—1976年，1976年之后三个阶段。通常的文学史教学大纲，是编年体例，在每一历史阶段中，有小说、诗歌、散文、戏剧电影的划分。我讲授的中国现当代文学，也采用了这种通常的体例，因而在课程安排上便与这部文选时有不谐。不过，这种不谐是容易解决的技术性问题，而其他问题则相当棘手。

最棘手的是作品选译，这涉及正典（Canon）与历史意识问题。二十世纪后期的西方后现代主义文学理论，颠覆了传统文学关于正典的概念。作为一种解构策略，颠覆正典的目的，是为女性文学、少数民族文学、另类文学等过去被边缘化了的文学寻求亮相的可能。然而，这并不是要全盘否定经典作家和作品，即便是西方的后现代主义大家，也没有这样虚无。美国耶鲁学派四大家之一的哈罗德·布鲁姆（Harold Bloom），在其《西方正典》一书中选评西方文学，在理论上挣扎于正典和反正典之间，在选文时却仍以莎士比亚为纲来进行选评，所选作家，不论性别国别，都是有公认历史地位的大师。

关于中国现当代文学之第一个历史阶段的文选，北美学者与国内学者所见略同，着眼于经典作家，小说多选鲁迅、茅盾、老舍、巴金、沈从文、丁玲、张爱玲等早期有代表性的作家之作，诗歌多选徐志摩、闻一多、李金发、戴望舒、冯至、艾青、何其芳等诗人之作，散文则选林语堂、朱自清、丰子恺、梁实秋等人的作品。但是，第二阶段的文选则表现出较强的偏见，不知是否选编者的个人政治倾向和感情因素所致。《中国现代文学作品选集》的小说作品，在这一阶段全部选自台湾作家，包括1949年自大陆赴台的作家与台湾的本土作家，如白先勇、陈映真等共六位，这些作家中有的仅在台湾较有影响，他们对中国文学的发展谈不上什么贡献，也谈不上什么特别的艺术成就，他们既非学术界公认的正典，也非后现代所谓的少数或边缘。由于这种倾向性，选编者对大陆地区1949—1976年的小说创作视而不见，对同一时期之诗歌和散文的处理，也大同小异。

为了细说1949—1976年这个阶段的文选问题，我只谈散文一体。入选《中国现代文学作品选集》的散文作家，在这个阶段只有林语堂、梁实秋、潘琦君、吴鲁芹、于光中、杨牧六位，

[①] McDougall, Bonnie S. and Kam Louie. *The Literature of China in the Twentieth Century*. New York: Columbia University Press, 1997.

[②] Chi, Pang-Yuan and David Der-Wei Wang, eds. *Chinese Literature in the Second Half of a Modern Century: a critical survey*. Bloomington: Indiana University Press, 2000.

[③] Lau, Joseph S. M. and Howard Goldblatt. *The Columbia Anthology of Modern Chinese Literature*. New York: Columbia University Press, 1995.

他们或由大陆迁台,或在台湾乃至美国完成教育,而在大陆从事写作的散文家,则无一入选。林语堂和梁实秋均在1949年之前便功成名就,他们的主要创作也是在1949年之前。因此,在1949年之后的第二历史时期,舍弃许多重要散文家而再次选录这两位作者的作品有失恰当。这不仅是因为他们的作品占据了其他散文家应有的位置,更主要的是因为他们在1949年之后的散文作品缺乏时代精神。换言之,他们对二十世纪中后期中国(包括港澳台地区)文学的发展,几乎没有作出特别的贡献,与同一时期的中国社会和文化生活,也没有太大的关系。

例如,《中国现代文学作品选集》在这一阶段所选的两篇梁实秋散文,《谈时间》和《雪》,都缺乏时代特征。若孤立地看这两篇作品,且仅论为文之艺,二者当然是上乘佳作。但是,这两篇作品所写的是所谓"永恒的主题",无论在哪个时代,无论是哪个民族,这类作品都不少见。虽然梁实秋在文中旁征博引,既引欧洲古代先贤,也引孔子和李白,作品有些中国色彩,但殊途同归,仍然是放之四海而皆准的永恒主题。这就像过去所说的苏联作家,津津乐道于"少女、小船、白桦树",虽有北方森林的特征,但与时代脱节。梁实秋曾自言"长日无俚,写作自遣",这样何以能有时代气息。抗战时期在重庆,梁实秋应约为报刊写作"雅舍小品",主编让他别写"与抗战有关的"文字,但这些文字多少还是染上了时代色彩,至少偶尔提及外面的战事。可是,细读1949年以后的梁实秋散文,一个敏感的读者,莫非体察不到作者应约为文的凑篇数之无奈?梁实秋到台湾后,其散文写作相对超脱,更少关心时事。《谈时间》一篇,看似哲理深刻,教导如何做人,实谈永恒的主题,对中国散文的发展无足轻重。

我们并不是说这类散文不该选,而是说选编者不应舍本求末,忽视了文选的目的是服务于中国现当代文学课程,选者应该具有历史意识,所选之文在文学发展史上应该具有某种价值。在1949—1976年这个阶段,大陆的文学创作受到政治的巨大影响,文学成为政治机器的齿轮和螺丝钉,作品无不打上强烈的政治烙印,是为这一阶段最突出的时代特征。讲授中国现当代文学,若对这一时代特征视而不见,很难说是严肃的治学和治史态度,遑论让北美学生了解中国现当代文学的真相。在大陆地区,这一阶段的散文有三大家之说,杨朔、刘白羽、秦牧的散文,不仅代表了一个时代的写作特点和成就,也影响了当时及后来一两代人的写作实践。要在高校讲授这一阶段的散文,无论如何都不能回避这三位作者。不错,这三位作者的散文的确染上了浓厚的政治色彩,但这正好是那个时代的固有色彩,是中国现当代文学在那一特定发展阶段的真实色彩。今天回头看去,这三大家的散文,在艺术上确有可推敲之处,例如杨朔的抒情或流于造作,刘白羽的叙述和描写不乏琐碎,秦牧的说理稍嫌牵强,他们的行文都有矫情之处。但是,他们不仅代表了一个时代,而且至少在写作技巧上,他们对立意、结构和语言之关系的处理,他们对所谓形神关系的处理,也是当时散文写作的典范。

当然,这些具有时代特征的散文作品,早有英文译本面世,但因未收入《中国现代文学作品选集》中,而是散见于各处,这给教学带来极大不便。同样,在中国现当代文学史的第三阶段,即1976年以后的文学作品,《中国现代文学作品选集》虽然收录了大量大陆作者的作品,但在小说类中,刘心武的《班主任》是一个时代之文学的先声,却未见收入,不能不说这部文选有欠历史意识。这一时期的散文仅收巴金、文洁若(萧乾夫人)、Xiao Wenyuan①、董桥四家,难以完整反映这一时期的散文创作情况。

如果说过去在大陆出版的中国现当代文学作品选,由于政治的原因而未收录港台作家的作品,那么在20世纪90年代末期的美国,由于政治原因而使一些有重大影响的大陆作者的作品付诸阙如,便不能不说是有违学术民主的原则。每个人都有自己的政治态度和个人感情,但这不应该影响学术和教育的严肃性。文学史课程的文选,不应该回避具有时代特征的作品,不应该缺乏历史意识。

二 立论:"意境"的翻译与禅意

在中国现当代文学发展史的背景下,通过具体的立论来阐释作品,可以避免泛泛讲解的浮浅,从而求得点面结合,既有文学史知识的覆盖面,又有相当的理论深度。我在教学实践中尝试以中国文论和批评概念来为作品的讲解立论。例如,讲解朱自清散文《荷塘月色》,学者们多解其为写景之作,并将月色荷塘之景,释为意境,却未进一步探讨朱自清描写的是何种意境。我在《荷塘月色》的教学中,不停留于分析篇章结构或描写手法的形式层面,而是从中国文论的意境概念切入,以禅意为纲,将月色中的荷塘解为禅境,将朱自清的这篇散文解为悟禅之作。

用英文讲授中国现当代文学,一触意境概念,便涉及这一术语的翻译和阐释问题。意境这一概念,是中国文论中最难翻译的概念之一,也因此而正好可以顺水推舟,从概念的翻译入手。美国华裔学者孙康宜(Kang-i Sun Chang)教授用"诗境世界"(poetic world)来翻译"意境",实为一种阐释,注重主观之意与客观之景的合一②。加拿大华裔学者叶嘉莹(Florence Chia-ying Yeh)教授也注重意境的主客观两方面,她将其译为"被感知的环境"(perceived setting)。这个英文的中心词"环境"(setting),是一种客观的存在,但同时又被人的"感知"(perceived)所修饰和限定,因而也是一种主观的存在。叶嘉莹还有另外的译法,即"经验世界"(experienced world / world of experience)③,其中客观的"世界"(world)是中心词,而"经验"(experienced)则是人的主观感知和体验,此译同样突出了意境的主客观双重性。

北美学者大都看重意境的主客观双重性。美国学者佐伊·勃纳尔(Joey Bonner)和斯坦福大学的已故华裔教授刘若愚(James J. Y. Liu)用直白的"世界"(world)来翻译意境。勃纳尔看重的是"外在体验和内在体验相融合"的世界④,刘若愚强调的是主观精神和客观环境相融合的世界。刘若愚说,在印度古代哲学中,意境既是一个精神的世界,也是一个现

---

① 此处论述英文选本,散文家之名均为汉语拼音,惜未能查出这位散文家之中文姓名。据英文选本之入选作者简介,这位散文家生于1933年,男性,五十年代毕业于南开大学中文系,后任职于天津市作家协会,写作小说、散文、诗歌。补注:经国内书评家朱航满于2017年初查证,此散文家名为肖文苑,并非毕业于南开大学,而是南京大学。

② Kang-i Sun Chang. *The Evolution of Chinese Tz'u Poetry from Late T'ang to Northern Sung*. Princeton: Princeton University Press, 1980, p. 96.

③ Florence Chia-ying Yeh, "Practice and Principle in Wang Kuo-wei's Criticism," in James R. Hightower and Florence Chia-Ying Yeh. *Studies in Chinese Poetry*. Cambridge: Harvard University Asia Center, 1998, p. 497, p. 499.

④ Joey Bonner. *Wang Guowei: An Intellectual Biography*. Cambridge: Harvard University Press, 1986, p. 385.

象的世界,既反射着诗人所处身于其中的外部环境,又是诗人之内在世界对这外部环境的回应。他写道:"这是生活之外在方面与内在方面的综合,前者不仅包括自然的景与物,也包括事件和行动,而后者则不仅包括人的情感,还包括人的思想、记忆、情绪和幻想。也就是说,诗中的'世界'同时反映着诗人的外部环境,以及诗人对自我之全部知觉的表达。"[①]在刘若愚看来,诗境世界的主客观两方面因诗人的生活体验而融合为一。

但是,在这个主客观共存的诗境世界中,也有学者强调主观方面的重要性。美国普林斯顿大学教授高友工(Yu-kung Kao),将意境译为"inscape",指内心之景。这是西方诗学的一个概念,带有宗教和超然神秘的色彩,高友功采用了后结构主义的理论,认为这是一个"顿悟的瞬间",在那一瞬间,意境的外在表象一旦被把握,其内在意蕴便可洞悉[②]。另有一些学者,例如美国学者李又安(Adele Austin Richett),力图避免意境之主客观因素间无休无止的争论和辩解,为了尽可能保留意境之含意在中文里的丰富、复杂和微妙,便干脆采用音译的方法,将其译为"jing"[③]。北美学者对意境的不同理解,以及他们对主客观二者的不同偏重,使他们对这一概念的阐释也各不相同。

通过翻译和阐释而进入中国文论,并追溯到意境概念的起源,于是我们读到了唐代诗人王昌龄在《诗格》中所述的物镜、情景、意境之说。王昌龄对这三境分而论之,其"物境"是可视的,专指客观物象,相当于今人所言之"景";王昌龄的"情境"指诗人注入了个人情感的"景",并非完全可视,也不是诗人和画家笔下的单纯风景,而是有情之景,大致类同于我们现在所说的"境";王昌龄的"意境"指富于诗人和画家之哲思的"景",大致类似于我们现在所说的主观心象之"境"。既然王昌龄从物、情、意三方面来说"境",我们便有理由认为,他的"境"存在于物、情、意这三个方面,而后人所说的意境,实为三境融会贯通、寓心于景的人格风景。

对中国文论之意境概念有了上述认识,讲解朱自清散文《荷塘月色》便获得了立论的前提。我的立论是,《荷塘月色》不是一篇简单的写景散文,而是一篇悟禅散文。这篇散文写作者在月色中沿荷塘漫步,其所见所思,皆是对禅境的体悟。作者出户月下,绕荷塘而行,至推门而归,完成月下沉思,是一个冥想悟禅的过程。正是文中暗含的禅意,才使这篇散文超越了单纯写景的物境,从而通过宁静致远的情境,达到了物我合一的参禅意境。要言之,朱自清在《荷塘月色》中展现的意境,是一种禅意之境。唯其如此,这篇散文才在形而下的月色荷塘之景中,企及了形而上的至高精神境界。

关于《荷塘月色》的这一立论和解读,未见他人言及。朱自清为什么追求禅境?这是不是与现实时事无关的"永恒主题"?由于尚无学者讨论这个问题,我只能参阅他论而试答之。国内学者钱理群曾著文设问"朱自清为什么不平静?",并用朱自清的《一封信》和《那里走》来作答,涉及了内战时期国共两党的冲突,涉及了知识分子的选择,认为"朱自清这类自由主义知识分子既反感于国民党的'反革命',又对共产党的'革命'心怀疑惧,就不能不陷入不知'那里走'的'惶惶然'中,——朱自清的'不平静'实源于此"。尽管钱理群对《荷塘月色》的这

---

① James J. Y. Liu. *The Art of Chinese Poetry*. Chicago: University of Chicago Press, 1962, p. 84, p. 96.

② Yu-kung Kao, "The Aesthetics of Regulated Verse," in *The Vitality of the Lyric Voice: Shih Poetry from the Late Han to the T'ang*, eds. Shuen-fu Lin and Stephen Owen. Princeton: Princeton University Press, 1986, p. 385.

③ Adele Austin Rickett. *Wang Kuo-wei's Jen-chien T'zu-hua: a Study in Chinese Literary Criticism*. Hong Kong: Hong Kong University Press, 1977, pp. 23 - 24.

种解读比较具体务实,而朱自清的这篇散文其实比较玄妙务虚,但是,钱理群却为朱自清对现实的态度,作出了一个精辟的判断:"作为无可选择中的选择,朱自清们'只有暂时逃避的一法'。"往哪里逃避?怎样逃避?这"一法"为何法?钱文说"他们试图'躲到学术研究中',既是'避难',又在与'政治'保持距离中维护知识分子的相对独立。在某种意义上,'荷塘月色'(宁静的大自然)的'梦'也正是朱自清们的精神避难所"。在我看来,这精神避难所就是禅境,只有在这个禅境里,月光下荷塘的景色,才会是"淡淡的"、"恰是到了好处"的,其禅意才能不声不响地渗入心灵深处。

东方的禅宗思想,以其神秘的直觉和顿悟方法,而流传于西方受教育的人群中。中国学者以英文写作禅宗者鲜有,唯日本学者铃木大拙的诸多英文著述在西方学界深入人心。铃木在《佛教禅宗》一书中开宗明义,说禅在根本上是一种观照的艺术,它直视人之存在的本质,解救人于世俗的困扰,将人引向生命的源泉,让人获取终极自由[1]。联系到钱理群所阐述的朱自清那一类知识分子在特定历史时期所面临的政治困境,我们便会理解朱自清为什么会追求禅境,会看到《荷塘月色》既是出世的又是入世的,其主题既是永恒的又是现时的。

《荷塘月色》的禅境立论,跨越了朱自清之现世处境和出世愿望间的鸿沟,是我讲解文学史背景和具体作品之关系的一个重要观点。

三　方法:比较的视角与"凝视"

与上述立论问题相关的,还有视角问题,也就是从什么角度来解读中国现当代文学作品。以中国文论的意境概念来立论,是从中国的视角来向北美学生讲解朱自清在《荷塘月色》中追求的禅意和禅境。事实上,在北美高校讲授中国文学,更多的是从西方视角看作品,于是就有了比较的方法。

北美的高校,有的将中国现当代文学列入亚洲研究课程,与中国古典文学、中国历史、中国哲学等归为一大类,有的则将其列入比较文学课程,与日本文学、德国文学、意大利文学等归为一大类。当然,也有不少高校采用不同的教学大纲,对中国现当代文学课程另有归类。不管是何种情况,比较文学都不只是科目问题,更是方法问题。这方法可以是比较欧美文学与二十世纪的中国文学,探讨前者对后者的影响,然而更重要的,却是从西方与中国两个不同的视角来讲解中国现当代文学。不同的视角要求不同的方法,从两种视角用两种方法来讲解作品,是一种比较的方法。

从西方的视角阅读鲁迅、用西方的方法解读《狂人日记》,我看重当代西方文论中的"凝视"(gaze)理论。《狂人日记》的叙事框架,是作者从常人的角度来凝视狂人,但故事的主体,则是日记的作者从狂人的角度来凝视常人,其中又包含了狂人所发现的常人对自己的回视,而鲁迅的用意,却是让读者借用狂人的眼光来凝视常人。在此,这数重凝视的互动关系、这多重视线的交错,是作者精心构建的一个修辞设置,作者像是无所不知、无处不在的全能的上帝,安排并俯视着下界发生的有关凝视的故事。

在西方当代文论中,凝视的概念由来已久,并运用于批评实践。到二十世纪中期,对凝视概念的讨论,又同弗洛伊德关于利比多之驱动力的理论和拉康关于儿童心理发展之镜像

---

[1] Suzuki, D. T.. *Zen Buddhism*. New York: Doubleday and Company, 1956, p. 3.

阶段的理论相结合。二十世纪后期的凝视理论,主要建立在拉康心理学的基础上,其要义有四,首先,被凝视的对象是在场的(鲁迅眼中的狂人即出现在故事的现场);其次,凝视者内心的无意识欲望却本能地盯着一个不在场的目的物(鲁迅所盯的其实是狂人故事的读者和狂人故事所影射的人);再次,二人相互凝视(狂人与他周围的常人相互对视)是"封闭的凝视"(locked gaze),他人不得介入(读者与被影射者不得介入);最后,封闭的凝视所形成的人际关系,会造成他人忌妒,反而引起第三重凝视(读者对狂人及其周围之常人的凝视)的介入。在人类学的意义上说,凝视是二人的对话和交流。但是,当读者的第三重凝视介入时,凝视就从人类学转入了社会学,于是鲁迅为文的社会批判意义就得以实现。这样,在多重视线的交流中,文学作品所展现的社会关系,便具有了政治的内涵,这使《狂人日记》成为一种文化批判。

根据拉康的看法,凝视这一行为存在于主观之我与他者之我的互动关系中,存在于主体与客体间的关系中[①]。按照拉康关于镜像阶段的论述,婴儿从自己对主体性和客体性(即他者身份)的双重感知中了解了自己,了解了主客观的相互依存。拉康认为,在婴儿智力发展的初期阶段,观看非常重要,婴儿在镜中看到自己的影像,于是感知了自己的存在,并进一步认识到自己与周围环境依存的关系。所以,镜像阶段是自我感知和身份认同的阶段[②]。拉康有关凝视理论的社会意义,在于他对婴儿心理学的社会化处理,即他的"社会决定论"观点。

关于凝视概念所蕴含的这种社会关系,用形式主义和后结构主义的术语讲,凝视便是文本,凝视的意义不仅来自各文本间的关系(intertextuality),也来自文本同语境的关系(contextuality)。如果我们用福柯的术语讲,凝视所形成的人际关系就是一种权力关系,这种关系在生活现实中已经完全社会化、政治化了。用巴赫金之复调理论的术语说,视线的平行、交错、对接、往复,形成了凝视的复调,这既是若干凝视者视线的合一,也是某一凝视者的视线被若干人所分享。正是这合一与分享,使文学作品的意义得以社会化,是为凝视关系的文化特征和政治特征。

鲁迅《孔乙己》中的凝视,与《狂人日记》有所不同。尽管作者一开头就描述了鲁镇酒店的格局和酒客的社会成分,但他没有构建全能的叙事框架,而是以自己儿时的口吻来叙述。一句"我从十二岁起",便不知不觉地实现了作者的介入,使关于酒店格局的局外人描述,同关于酒客社会成分的局内人叙述,天衣无缝地顺接了起来,并引出了那个"站着喝酒而穿长衫的唯一的人"。在此,作者儿时的口吻与儿时的视角相呼应,作者用儿时无邪的眼光,来凝视故事里的人和事。在儿时的作者看来,孔乙己一出场,"总是满口之乎者也",别人笑他,他"便涨红了脸,额上的青筋条条绽出"。而且,孔乙己也回视那些嘲笑他的人,并"显出不屑置辩的神气"。这故事里各种方向之凝视的碰撞和交汇,描画出了孔乙己那一类不合时世的知识分子的处境和心态。到故事的末尾,儿时的作者听到一个熟悉的叫酒声,于是"站起来向外一望,那孔乙己便在柜台下对了门槛坐着"。这是孔乙己最后一次出场,在作者的视线里,"他脸上黑而且瘦,已经不成样子;穿一件破夹袄,盘着两腿,下面垫一个蒲包,用草绳

[①] Jacques Lacan. *The Four Fundamental Concepts of Psychoanalysis*. New York: Norton, 1981, p. 84.

[②] Jacques Lacan. "The Mirror Stage as Formative of the Function of the *I* as Revealed in Psychoanalytic Experience," in Jacques Lacan. *Ecrits: A Selection*. trans. Alan Sheridan. New York: Norton, 1977, p. 2-3.

在肩上挂住"。孔乙己付酒钱时,作者儿时的凝视,终于使鲁迅完成了对那类知识分子命运的最后确认:"他满手是泥,原来他便用这手走来的"。在《孔乙己》故事的结句处,鲁迅从儿时的酒童,返身回复到成年的作者,他告诉读者,"我到现在终于没有见——大约孔乙己的确死了"。

  从西方当代文论的视角,用西方的眼光来"凝视"鲁迅的故事,不仅是北美高校阅读和讲解中国现当代文学的方法,也是一种比较的方法,可以为中国眼光提供有益的参照,有助于我们在更广的视域中进一步理解中国现当代文学。

针对第二语言学习者的文学课新设计

丁芳芳[①]

[摘　要]　本文在具体教学实践的基础上，分析针对第二语言学习者的《中国现当代文学作品选读》的教学现状，并在教材的选目编排、课堂教学方式的改进等方面提出自己的新设计。

[关键词]　汉语国际教育；中国现当代文学；教材

A New Chinese Literature Course for Learners of Chinese as a Second Language

Ding Fangfang

[Abstract]　Based on an analysis of the status quo of teaching modern and contemporary Chinese literature to learners of Chinese as a second language, this paper proposes a new design for the Modern and Contemporary Chinese Literature course in terms of selection of teaching materials and teaching methods.

[Key Words]　Chinese as second language; modern and contemporary Chinese literature; textbook

　　随着中国综合国力和国际地位的提高，渴望了解中国和学习中文的人越来越多。正因为此，《中国现当代文学作品选读》在海内外针对第二语言学习者的高校教学中备受重视。国内被国家汉办指定为留学生汉语言专业必修课程。就学历教育而言，北京大学、北京语言大学、复旦大学等国内二十余所著名高校都将中国现代文学课列为汉语言专业本科学历生的必修课(吴成年，2006)。国外高校特别是北美著名高校所开设的针对第二语言学习者的文学课程，也常常将它列为必修课程或重要的选修课程。可见其在针对第二语言学习者的教学中已占有相当重要的位置。

　　不过，中国现当代文学特有的语言和文化难度也使得第二语言学习者面临很大挑战。传统的纸质教材及以教师讲授为主的文本阅读方式也难以处理复杂的语言和文化难点，影响教学效果。就现有教材来说，尚缺乏对于海内外同类型教材的综合性的全面研究，对此类教材本土性和国际性研究仍不够，同时目前教材大都以纸质教材为主，教材电子化研究不够，需要更多的科技创新手段以配套使用。

---

① 作者简介：丁芳芳，南京大学海外教育学院副教授，研究方向为中国现当代文学和对外汉语教学。

因此本论文拟从教材选编和课堂教学角度,结合目前海内外教学实践和飞速发展的多媒体技术,针对第二语言学习者的中国现当代文学教材编写和教学现状,试图提出一些新思路,以适应新时代的教学潮流,争取更好的教学效果。

1 文学课的教学意义

正如笔者以往曾论述过的,文学名著作为课本选材的教学意义即有利之处是显而易见的。如留学生在交际过程中常出现文化误读现象。西方研究者将文本看作是与之产生的社会、文化、政治、经济、实践密不可分的"文化文件"(cultural documents),乐黛云(1994)认为"误读"是"按照自身的文化传统、思维方式、自己所熟悉的一切去解读另一种文化"。它源自不同文化的深层差异,阻碍留学生进一步提高目的语交际能力。民族文化的许多不同方面,如地理知识、民间习俗、宗教观和社会价值观等,在文学作品中常有丰富具体、细致入微的形象化体现。通过对这些作品的细致研读,不仅可以让学生接触到更具书面色彩的文学性语言,也可培养其文化习得能力,从而有助于克服"文化休克"、"文化震荡"等现象。这是和其他类型的汉语教学材料相比,文学作品语言所独具的优势。

笔者认为,针对第二语言学习者的中国现当代文学课程,应充分考虑国际汉语教育专业本科学生学习的特殊性。它是针对非母语学习者的"非文学专业的文学课程",不同于中国境内高等院校文学院针对中国学生的专业性文学课程,它首先是在一种跨文化语境中进行的,其次是受到留学生特有的语言水平和文化理解度的限制,因此除一般的文学课教学要求外,更需要培养学生的跨文化理解和跨文化分析能力。

因此笔者认为,针对第二语言学习者的文学课教材在编写上应有自己的新思路。这种新思路具体应体现在以国内外具体的教学实践为基础,在教材选目、练习编排、数字化教材建设、教学方法、学生评估等方面进行研究,以提高教学效率、培养留学生跨文化交际能力。

2 纸质教材新思路

2.1 精细化选择和处理教学篇目

因为学时限制和课程本身的非专业性特征,特别是第二语言学习者的实际语言水平及特定学习目标,教材内容的处理宜更为精细化,特别是要注意未来教学的适用性。对名家的不同名篇宜选择主题更为普适、文字更简练的作品,以有利于教师在处理教材时扬长避短而选择更适合针对第二语言学习者的文学教学。

2.2 重视文化知识点练习的设计

充分考虑到跨文化教学语境,引导学员根据本课程教学特点,利用精心编排的高效的练习形式凸显文本中的文化难点,特别是设置相关练习引导学生深入理解。如在阅读冰心有关母爱的小诗时,设置中外父母对子女之爱同样深厚却有不同表现等话题,以引导学生进一步思索。非语言交际中的行为文化作为人际交流的组成部分,其意义常不在语言本身而在于所关涉的社会文化语境。文学人物形象鲜明并提供了大量行为文化范本。笔者认为,可在相关阅读练习设置中引导学生注意理解人物交际行为的文化背景、成因和内涵等,发掘其文化载体和传播功能,并设置相应文化情境以角色对话、小品、情景剧等形式供学生练习,这也是培养学习者跨文化交际能力的重要途径。

2.3 开拓国际化视野

从目前国内教材选本来看,大多局限于大陆作家创作的中国现当代文学作品,海外著名学者则更具国际性视野,如哈佛大学王德威教授所选教材书目扩充到台湾、香港及东南亚等地区,和世界华文文学最新成果紧密相连(据笔者2016年3～5月哈佛大学访学调查)。国际汉语学生来自不同国家,文化背景及已有文学知识点各异,中国文学和文化要真正走出去,教材和教法的国际化视野相当重要。笔者以为,针对第二语言学习者的文学教材选编需进一步拓宽,需更多考虑学生学习背景。

2.4 加强国内外合作,优势互补,以确定合适的教材篇目

拟选择国内外5～10所著名院校开展教材调研,采用访谈等手段分析教学效果,从具体教学中选择合适的中国现当代文学作品篇目。同时因为汉语国际教育专业学生的培养方向是国际汉语教师或研究者,他们将要面临的是很多来自不同国家、文化背景相异的学生,培养跨文化分析能力非常重要。因此教学将针对本专业学生特点,吸收国外著名高校的教学经验,补充台港等地作家作品对比阅读,增加海外汉学家对于作品的经典分析,以进一步开拓学生视野,增强分析能力。

另外,海外同类型教师通常对所在国的中国文学学习者的特殊文化背景和学习需求更为了解,因此我们也可以在时机成熟时积极考虑和海外名校合作编写一本针对以汉语为第二语言的学习者的《中国现当代文学》纸质教材,以更好满足跨文化学习者的特殊需要,提升其跨文化分析能力。

3 教材数字化

目前我们所处的大数字化时代所带来的教材数字化的发展趋势也是如火如荼。教材数字化能带来的种种优势已越来越明显,它和传统文本讲授相结合,将有效提高针对第二语言学习者的课程的教学效率,特别是在解决针对外国留学生的文学课教学难题上更是具有种种不容忽视的优势,能帮助学生在更深的层面上体味中华文化的厚重内涵,值得我们充分地重视。

3.1 引入视频资源

在现当代文学教学过程中引入由经典文学作品改编的影视、歌唱等视频资源,是目前提倡的"大文学"观念下汉语国际教育方向下的一个具体的发展方向。所谓"大文学"概念,是目前欧美文学界所提倡的把传统文学的概念从单纯的文字作品拓展到流行音乐等领域,而鲍勃·迪伦获得诺贝尔文学奖正表明这一观念正逐渐深入人心。目前学习中国现当代文学作品的第二语言学习者大都年轻活泼,喜欢中国流行歌曲和影视作品,其中不乏由经典文学作品改编的佳作,值得教师细细选择并精心处理以用作教材。比如笔者曾经选用蒋山演唱

的诗人海子的著名作品《面朝大海　春暖花开》,配以简单的文学注释,其文学性极强的诗词配上蒋山声情并茂的演唱,深受学习者喜爱;而精心选择的画面配上中英文歌词和相关注释,也可以更好地帮助学习者深入理解作品的意境。我们也曾在课堂上播映根据莫言作品改编的电影《红高粱》和《暖》,结合一定的文本阅读,同样很能引起学生的学习兴趣,帮助他们加深对于作品的理解。

3.2 配套建设数字化教材资源

数字化教学资源的收集和建设包括作家作品、参考文献、国内外相关教学网站等扩展阅读资源。如访问 Molo 及海外一些著名教学网站;微课制作:将每单元相关基础性知识如作家生平、代表作、创作背景等制成微课等。总之,利用现代数字化手段进行教学资源整理:包括相关参考文献,作品所涉及的文学理论知识、文本对应的理论资源等。配套的数字化资源及视频化处理将有利于降低教学难度,提高教学效率。

4　改变课堂教学方式

根据目前国内外先进的教学理念,建议这种新的文学课程改革充分利用翻转课堂这一新的教学方式,强调课前自主学习和小组讨论,将大量文学史背景知识和相关教学内容录入教学视频让学生在教学平台上先学习准备,课堂教学时间用来更多地组织学生讨论,教师的作用主要是引导学生讨论与分析,以进一步扩大学习者的知识面,培养学习者的问题意识和深入理解文本的能力。

翻转课堂的学习将包括线上学习和线下学习两部分。(1)根据教学大纲,课前提供详细的阅读书目、网上阅读材料及相关教学视频,并链接国内外相关教学网站。要求学生在网上至少提前1~2周观看每一单元教学视频,了解作家生平、作品时代背景等相关基础知识以及每单元主要教学内容。(2)个别准备后分组学习。学生事先分组,以个人或小组为单位分别选择讨论题,参考教学视频和小组的 PPT 课件,阅读参考文献,线上线下配合各小组准备好课堂讨论。(3)课堂学习:上课时教师首先对单元内容简要阐释,然后从各小组中随机抽取一名同学,根据对应 PPT 课件进行小组讲解,每组讲解限定时间为 10~15 分钟,再加上 5~10 分钟讨论和评讲时间。最后老师总结分析。(4)平台讨论:鼓励学生在网上平台参与小组线上或线下讨论,教师或学生助教对学生的问题进行回复或点评。

在此基础上,充分改革原有的评分体系,把原来主要依赖于课堂发言和试卷考评的评分系统改为:

(1)课堂参与 25%:积极听课及参与课堂讨论;在文本讨论基础上每人每学期做两次正式演讲,每次 15 分钟。(2)在线提交课程准备材料 15%:每周上课前一天在网上提交 500 字的讨论题答案。(3)在线提交阅读报告 30%:每学期提交两篇 1 500 字左右指定论题的短论文。(4)期末考试 30%:包括文学史的基础知识、简要论述和详细论述题。

翻转课堂教学也包括大量的微课制作。微课制作包括自行录制、国外拍摄、网站下载及后期剪辑制作。如把文学史基础知识、作家介绍等的数字化、作品文本,参考文献的在线阅读与讨论以及主要教学内容的视频化等,提前放到教学网站上,以供学习者提前准备。视频化教学资源的制作应考虑到学生实际的语言水平,多方收集材料以制作个性化的视频。以笔者所在教学单位为例,和当地省电视台、出版社及海外著名高校均有合作关系,为进一步加强数字化资源建设提供了便利。

海外"中国现当代文学"课程的教学对象中潜藏着未来中国文学跨文化传播的精英人群,他们对作品的理解常有自身浓厚的文化背景。鉴于海外教育学院学生的特殊性,可以和海外著名高校合作,收集其教学视频、作品文本、参考文献等数字化资源,开展课程讨论、教学课件和教学资源建设,以进一步扩大学生视野,提升其学习能力。

综上所述,针对第二语言学习者的文学课教学包括文学史、作家作品及相关文化思潮等知识的传授,传统的教学内容、教学模式和教学方式越来越难以引起 E 时代学生的学习兴趣,导致他们在课堂上不够活跃。笔者认为,本文所提出的这种新思路下的课程建设将有利于着重培养学习者的问题意识和创新素质,提高教学质量;有利于改变教学理念,从"以教师为中心"向"以学生为中心"转变,以进一步激发学生的学习兴趣,促进其深度参与课堂教学以更有效习得相关知识。

参考文献

[1] 吴成年.对外汉语教学的中国现代文学课规范化之研究[J].云南师范大学学报(对外汉语教学与研究版),2006(5).
[2] 李泉.论对外汉语教材的实用性[J].语言教学与研究,2007(3).
[3] 王永阳,Dr. Trevor Hay.读中国文学还是读中国——兼论对外汉语教学中的跨文化主题阅读法[J].贵州大学学报,2008(2).
[4] 乐黛云.文化差异和文化误读[J].中国文化研究,1994(4).

来华游记的东方主义模式化写作
——以福琼《两访中国茶乡》为例

敖雪岗[①]

[摘 要] 鸦片战争前后,西方来华游记的写作开始呈现出东方主义的特征,以西方为中心,囿于作者自身的母文化来观照东方文化。游记写作也开始凝固成几种写作模式,其一是将中国看成是个一成不变的客体,一个因凝固化而难以交流的对象。其二是将空间距离转换成时间距离,把中国说成是更早版本的西方。通过这些模式,西方获得支配、重构中国的话语霸权。英国植物学家福琼的游记《两访中国茶乡》是其先行者。

[关键词] 东方主义;游记;福琼

Orientalism in Robert Fortune's *Two Visits to the Tea Countries of China*

Ao Xuegang

[Abstract] In the time of the Opium War, travel writings by Western adventurers to China began to show the characteristics of Orientalism. With the West in the center, those narratives tend to define themselves against Chinese culture and Chinese people. Such travel writings follow a few set writing paradigms, and one of them is to regard Chinese culture as a static object difficult to communicate. Another paradigm is to convert spatial distance into time distance, regarding China as an earlier version of the West. Through such paradigms, the West thus obtains discursive domination over China. British botanist Robert Fortune's travelogue, *Two Visits to the Tea Countries of China*, is a forerunner.

[Key Words] Orientalism; travel writing; Robert Fortune

从马可·波罗来华旅行开始,后来又有欧洲方济各修士、耶稣会教士来华传教,到了十八世纪末期以后,更多外交官、探险家和商人来到中国,这些人纷纷留下中国旅行后的游记或书信,向自己的西方同胞介绍中国。这些游记性著作,随着时世的变化,以十八世纪末期为转折点,此前此后西方游者对中国的介绍大相径庭。鸦片战争以后,西方来华游记更是渐渐凝固成几种写作模式,在写作模式化的过程中,中国形象也渐渐凝固化,并将此中国形象传递给西方读者。

---

① 作者简介:敖雪岗,南京大学海外教育学院副教授。研究方向:古代文学、文化教学研究,对外汉语教学研究。

一

　　正如美国人类学者博厄斯所说,你眼睛所看到的,都是由你生长的文化环境提供给你的(Stocking,1968:145)。实际上,每个游者都是从自己的文化传统中形成了一些常识观念以及知识体系,然后用这些观念和这套体系来观照周围的世界,这样,世界对每一个游者而言才是有意义的。一旦游者遇到一种新文化,一种异质文化,他们就会意识到,他们对这个世界的认识并不是那么理所当然,他们可能认识到,自己对世界的认识只是对周边社会和自然进行构建的众多方法或者说可能性中的一种而已。这些异质文化有他们自己应对环境、相互打交道的一套方式,在这一过程中,组建起社会,发展出自己文化。

　　游客书写游记,或写作书信向国内介绍他国文化,书信和游记可以起到一种类似于中介的作用,在他文化和自身熟悉的文化之间调和一下,但具体是哪种调和方式要看他者文化与母文化之间冲突的强烈程度,有赖于写作者自己的选择,和写作者是否坚信自身文化与理念有关。

　　所以游记通常都带有自传性质,是作者个人内在和他所处时代背景的一种反映。作者来到一个新地方,他把自己看到的听到的都记录下来。作者记录这些东西的时候,其实也就是在对这个地方进行一次重构。对外国人来说,他要用自己的母语来介绍一个他国,介绍的过程也就是重构这个国家的过程(Porter,1991:19)。这种重构,既是外界真实的反映,同时又是作者个人关注焦点和视野的反映,他关注哪些东西,记录什么东西,实际上都是他有意无意选择的结果。他对异域风情、物产、民俗的描绘,他对于这个国家的认识和体会,也因此打上了作者自己的职业经历、教育背景、思想、情绪等烙印。所有这些时代背景、个人经历等的烙印都将影响作者选择何种方式来处理他文化与母文化之间的冲突(Porter,1991:14-15)。

　　元朝时来到中国的欧洲人的游记,改变了欧洲人的地理观。以前的欧洲人,特别是拉丁人,他们以耶路撒冷为世界中心,对地中海地区以外的亚洲和非洲极少有什么认识。在被蒙古征服的过程中,欧洲人逐渐更新了他们的地理知识,亚洲得到了全新的开辟(赫德逊,1995:124)。继之而来的那些来华游客主要是些传教士,他们来到中国,面对一种全然不同的文化,为了顺利传教,他们采取由上到下的传教策略,所以对中国文化采用一种接纳包容的态度,不再依靠他那由母体文化传统塑造出来的双眼,而是试图从一种新构建出来的理念体系来理解他者文化。他们对中国有一个同情之了解,称赞中国的政治、道德哲学等制度文化上取得的成就,甚至不无仰视地看待中国,沿用中国人美化自己国家的说法,把中国称为"天朝"或"花国",把中国看作是一个有着悠久历史和高度文明的古国,在文明程度上不低于西方世界。于是在写作介绍中国的游记和书信时,这些作品就都带有一些自我文化反省的性质。而这些游记和书信传到欧洲,引起同时代欧洲思想家的关注,产生了很大的影响,赋予中国文化以很高的价值。就像波维尔所写的:只要中华帝国的法律成为各国的法律,中国就可以为世界可能变成什么样子提供一幅迷人的景象,到北京,瞻仰世上最强大的人,他是上天真正完美的形象。伏尔泰也曾说:他们有最完美的道德科学,它是科学中最重要的(赫德逊,1995:268)。他们都把中国看成一个完美的榜样。

　　十八世纪末期开始,特别是十九世纪以来,西方渐渐进入工业社会,科学技术、工业机器对社会的控制力越来越强,他们对中国文化、中国社会的看法也发生了变化。其实,十五世纪以来,西方人头脑中有关中国的知识已经大大增长了,欧洲的有识之士,包括杜赫德,对中国科技落后于西方已经有较为清楚的认识,中国人对科技的兴趣也很少有提高。尽管杜赫德笔下的中国仍然受到高度赞美,但还是有一些暗示,中国社会那曾经赢得赞誉的成就已经过了它的巅峰,即使不是在走下坡路,也是停滞不前的。随着启蒙运动的结束,民主、科学精神在西方的深入人心,也伴随着西方人对整个世界的了解,比如非洲、印度等,到十九世纪,西方人已经确立了自己的优越感,将西方与世界的其他部分区别开来,他们通过对新发现世界现实的描绘,对非西方地区的历史、文学、文化、社会等各方面的批判性分析,把世界的其他部分看作是手术台上的病人或者实验室里的动植物标本,用显微镜或手术刀对它们进行观察和分析,从中产生出一种可以支配、重构东方的西方模式。中国和印度、非洲等地区一样,变成西方之外的一部分,失去了原有的光环,反映到这一时期的游记中,便是一种东方主义的写作方式。

十八世纪晚期和十九世纪初的西方游客们,就是在这样的背景下进入中国,他们带着对中国和中国文化的向往憧憬,希望看到他们在前人游记中看到的那些为中国赢得赞誉的文明场景,可是他们看到的却让自己大失所望,于是批评起来也就不遗余力,并逐渐形成了质疑中国,贬低中国文明成就的潮流。如果说英国给乾隆祝寿的代表团开始了这股潮流(何高济,2013),那么进入十九世纪中期,也就是第一次鸦片战争以后,随着英国等欧洲主要国家工业革命的发展和完成,这股潮流越演越烈,而鸦片战争前后,正是这股潮流逐渐成形的时候。这一阶段的西人来华游记,与此前西人游记有了明显不同,同时又开了后来西人游记的先河,逐渐形成了解读中国比较固定的几种模式,带有东方主义的明显特征,很值得关注;英国植物学家福琼的游记《两访中国茶乡》就是其中的典型。他对中国的观察、对中国的认识也因此和此前外国人不太一样,带有明显的时代特色,在某些方面开了后来西人游记的先河。下文便以福琼这本游记为例分析这些东方主义式的中国读解模式有哪几种,又有哪些特点。

二

东方主义的游记写作模式就是以西方为中心,囿于作者自身的母文化来观照东方文化(萨义德,1999:2-6)。具体到西人的来华游记,其模式有二,本节介绍第一种,即,将中国看成是个一成不变之客体,一个凝固化因而难以交流的对象。

十八世纪末期以后,科学观念在西方渐渐深入人心,来华游者在通过所谓科学考察之后,认为自己抓住、掌握了中国社会和中国人的本质特点。我们以福琼的游记为例,可以看到这种写作后面体现的思维模式。福琼因为与鸦片走私船一起待过一段时间,见识过清朝海军的行事方式,他于是断言自己发现了中国将领与军队的特点,他写道:

> 我住在中国的这段时期,中国政府在禁止鸦片贸易方面采取了很多虚张声势的作法。有时候,某位以英勇善战而知名的海军将官,也会受命带着很多战舰,开到鸦片船集中的地方,试图将这些船只驱离中国海岸。然而,士兵们敲着锣,隔着老远就放枪,战舰耀武扬威地来巡视一圈,中国人都很熟悉这一套路,而这看起来就是武力清剿的主要内容。与此同时,那些小鸦片船就静静地停泊在那儿,很明

显,它们对这场大张旗鼓的示威行动并不怎么关心。于是带队将领马上颁布了一条命令,要求这些鸦片船拔锚离开海岸,不得再返回天朝帝国的水域,否则将被彻底消灭。

  以前这样的命令还有一些威慑作用,但现在一点效果也没有了。传令兵带回来的消息称,"那些外国船只都是全副武装,它们不肯挪地方"。这样的消息足以让带队将领冷静下来,不再逞勇,于是他便陷入一个两难的境地,他既不敢向这些外国蛮夷的船只开火,又不能任由它们留在当地。如果他不能把它们赶跑,要是报告到总部去,势必对他的英勇形象造成损害。带队将领转而换上另一种腔调,他请求鸦片船的船长们帮忙,把船开到外海去待那么一两天,过后他们就可以把船再停回到原来的地方。鸦片船的船长们同意了这一请求,第二天早晨他们便起身把船开往外海。一旁瞭望的中国军队,于是又是敲锣,又是放枪,发出震天声响,他们跟在鸦片船后面,直到很远的地方。带队将领这时向他的政府递送了一份报告,大意是说,经过一场与外国蛮夷的大战,他已经把他们驱离中国海岸,甚至很有可能,他会在报告中说,他把几艘蛮夷的船轰成了碎片,另外一些则被击沉。而就在这份报告还在送往北京的半路上,鸦片船就已悄悄地回到其原来的泊锚之地,一切都照旧进行。这就是中国人处理事情的典型方式。同时,他肯定也会向北京报告,说进犯岛屿的夷人已被赶跑,甚至无中生有,说发生了一场战斗,俘获并摧毁了一些夷人的船只,以此来夸大渲染他的光辉成就。这就是中国人的办事方式。(福琼,2015:119-120)

  不得不说,福琼把中国官员与军队那种虚张声势、外强中干、色厉内荏、欺上瞒下的特点写得活灵活现,也非常准确。可是,他没有批评西方鸦片走私商人的蛮横无理,在装备有当时最先进武器的武装鸦片走私船面前,落后的清朝海军无力将其驱赶,得罪不起只好用上这种委曲求全、欺骗自己的方法。福琼抓住了中国军队的行为特点,站在西方的立场上,他只要掌握这种特点就行了,在讨论、考察中国社会特点时,他们不需要站在中国社会的角度上,采用一种符合对象自性的方式来进行考察,而仍然是用西方的那一套理念和标准来衡量中国的价值观和办事方式,并以此而得出所谓中国社会的特点。比如中国军队的假模假样,在当时势态之下,中国军队可能确实有这样的表现特点,可是西方游者却不会深入考察,假如不是这样行事,又会产生何种可能。因为这些特点的得出是通过西方标准衡量而来,自然不合乎西方的口味,所以他们对这些特点并不抱有同情之了解,而是批评、贬低,并没有站在中国文化的角度。

  西方游者对中国人、中国社会特点的判断总结,有些可能确实有亲身考察的依据,但还有些结论可能推测的成分更多,这就与无根据地贬低没有什么区别了。"当中国人想要达成一个目标时,他们唯一考虑的是,是讲真话有助于目标的实现,还是讲假话?哪种办法更能实现目标,他们就选择哪种,也许,他们稍微偏向的还是讲假话。"(福琼,2015:197)"这就是中国人的品格。他们不会跟你讲实话,除非这符合他们的利益。实际上我常常认为,如果对他们利益无损的话,他们更愿意说假话。"(福琼,2015:269)"许多中国人一点原则性也没有,为了得到眼前的利益,他们可以欺骗性十足地把自己变成一个名义上的基督徒,或者别的什么,可是第二天,如果给他们一点诱惑的话,他们又可以变成一个佛教徒。"(福琼,2015:112)很显然,福琼这样的论断以偏概全,带有很强的个人偏见,他没有耐心也不愿意去了解更多的中国人,也丝毫没有考虑到中国社会的复杂多样性,也许他确实是通过自己亲身经历的事件得出这样的论断,然后他就匆匆忙忙给中国人贴上一个标签,就像是在实验里给某种物品作出鉴定一样:啊,中国人就是这样,这就是他们的办事方式。也许,他对实验室的物品抱有的态度都更有耐心,抱有更多的同情和爱意。

其实,这种态度本身就表明福琼内心对中国的一种排斥,对中国及中国文化采取一种完全视为他者,难以交流、难以变化。将中国看做是化石,摆出一副摸清了中国人中国政府办事特征的样子,这其实是西方汉学的一种潜在意识,即把中国看成是一种业已僵化死去、没有生命力的东西。在强调中国特点的同时,也强调这种特点的独特性,其他地区没有,因而是奇异的、病态的。"最奇怪的是,唱戏,或者说演戏,这种中国人特别喜欢的娱乐,竟然也经常在寺庙里进行,这与我们西方人的宗教观念和礼节观念可是差得太远了,不知怎么地,我们天朝上国的朋友们在很多方面都与我们恰恰相反。"(福琼,2015:69)而这些奇异的病态的特点反过来又成为中国的象征。正如英国学者博埃默所说,像福琼这样的旅行者和殖民者"所凭借的就是他们手头所掌握的程式化的描述和具有权威性的象征,然后又把这些描述和象征在他们之间散布"(博埃默,1998:14),就在这个过程中,中国形象渐渐凝固成型。

三

写作模式的第二种,是把中国说成是更早版本的西方,比如说中世纪时的西方,或者是封建时代的英国某个地区。中国与西方国家空间距离遥远,如何让游记读者们感知到这种空间距离,其中一个做法便是将空间距离转化成时间距离,将另一个空间中的国家比作更早时间的母国,从而方便让读者们产生一种切身的感受。福琼在其描述中国农村建筑的文字中,便有类似的做法,他将中国农村与中世纪的苏格兰农村相比。"中国人的房子一般都是用土坯和石头砌成,质量不好,房屋地面则是潮湿的泥土,其居住条件就连安置牲口都颇为勉强。这样的房子以前苏格兰也有,但是谢天谢地,如今它们都尘封到历史中去了。我这位新朋友的房子也不例外,关不严的、松松垮垮、吱吱呀呀的门,又脏又破的纸窗,鸭、鹅、鸡、狗、猪,屋里屋外满地都是,显然,对于这儿,它们和主人一样,享有同样的主权。"(福琼,2015:41)又比如,提到中国乡镇之间的械斗,"沿岸各个乡镇的村民之间也经常发生械斗,在这方面,他们倒与封建时代英国边境上的那些边民类似,那时候,强权即公理。与那一时代类似的还有,这儿中国人也干一种类似于敲诈勒索的勾当,一方支付一定的保证金给另一方,然后双方达成和平协议"(福琼,2015:25)。这样又破又脏的房子只在古代苏格兰才有,这种敲诈勒索的行径也只有封建时代的英国才有,而中国竟然都还保留着,言外之意不问可知。

福琼写作游记的时候,虽然达尔文的物种起源说还没问世,但作为一种普遍观念,人类社会线性进化的看法一直就存在。按这种线性进化的观点,所有文化都是按照同一发展方案,朝着一个共同的方向不断提升自己,比如从野蛮到文明,或者按马克思后来的说法,从原始社会、封建社会再到资本主义社会,就像人类社会在科技方面不断取得的进步一样,最终各个社会都达到同一个终点。这种观点一直到美国人类学者博厄斯的出现,才产生了一些改变。如果用这种观点来做背景,那么把中国看成是一个早期的西方版本,潜台词也就是说,中国比西方落后。

西方作者的游记中有时也换用另一种表达方式,但主旨与这种模式是一样的。他们偶尔也会在中国找到一个难得的好地方,让他们感到满意,而这个地方足以让作者想起自己的遥远家乡。比如福琼对上海郊外印象很好,他写道:"这一地区不仅土地肥沃,而且农业发达,相比于我到过的中国其他地方,这儿看起来更像英国一些。在这儿,你可以看到像英国那样用来堆放杂物的农家场院,同样的建筑样式,同样的茅草屋顶。田里面一道垄,一条沟,布置方式也和英国一样。如果没有那些竹子、当地人头上的长辫子以及他们平常所穿衣服的提醒,说不定你还误以为自己是在泰晤士河畔呢。"(福琼,2015:72-73)

将中国比作更早版本的西方,其用意是想表达或建立一种优越感,表面看不过是时间先后,实质是水平的高低。这种优越感的核心,或者说,优越感的基础还是科学技术水平的高低。比如农业技术,福琼总结道:"毫无疑问,作为一个国家,中国在农业技术上要超过印度土著或其他一些半开化的国家,正如中国在很多民用技术上取得的成就一样,但如果要拿现在的中国农民来和我们英格兰或苏格兰聪明的农夫们相比,那是很可笑的,这就好像拿只能在沿海航行的中国帆船来和英国海军相比,或者拿中国商人与英国商人相比,后者的船队可以到达全世界每一处洋面,商业活动遍布全世界每一个角落。"(福琼,2015:152)东方主义的色彩不可谓不浓。

按照东方主义的观点,既然中国按照科技水平或者文明程度来衡量比较落后,在线性进化的时间表上属于落后国家,那么,西方帮助中国现代化也就是合情合理的,不光是合情合理,而且也有道义上的要求,这样,西方开采、抢夺中国的资源,也就不会有道德上的负担,就好像成年人监督、教育小孩子,让小孩子做得更好一样。福琼在游记中就经常表达类似的想法。比如关于中国内地的开放范围,站在福琼等人的立场上,开放范围当然是越多越好,西方商品不受阻拦地进入中国市场也是理所当然的,福琼评论道:"我们通过上海进出口的货物,在经过杭州时,当地的地方政府便凭着有利的地理位置,对这些货物百般刁难,他们扣留我们的货物,向货物非法征税,种种敲诈勒索,来自于商人们的各种抱怨不绝于耳。终有一天,那些有关外国人不能越过租界活动的愚蠢规定会被清除干净,那时候,我们就可以在中国境内自由地贸易、旅行,就像在别的国家一样,这一天不会离得很远。"(福琼,2015:234)为了这一天的到来,在福琼看来,甚至不惜使用战争:"但毫无疑问,若干年之后,中国将会发生巨大的变化,也许另一场战争及其惨烈后果难以避免,一旦这些情况发生,这个庞大的国家就将对所有外国人开放。到那时候,基督教会的传教士们就可以把他们的传教事业拓展到我上面描述的偏僻的武夷山区来。"(福琼,2015:397)

四

西方作者,通过他们对新发现世界现实的描绘,对其历史、文学、文化产品的批判性分析,在其中产生出一种可以支配、重构东方的模式,这一模式把中国看成是一个固化的难以交流的客体,认为把握这个客体的特性就可以轻而易举地控制它。同时,又把中国看作是西方的更早版本,也就是把中国看成是线性进化过程中的落后地区,西方于是便可以理直气壮地以自己的方式来改造中国、"帮助"中国,而不必带有道德上的负罪感。通过这两种模式的有意识地重构,西方建立起了对于其他地区也包括中国的全方位的话语霸权。也就是说,东方主义可以看作是组建了一个知识分支,这个分支给西方话语霸权提供了一个基石,其中就包括十九世纪下半叶这些西方旅行者的东游游记。福琼的游记无疑是其先驱和代表性作品。

参考文献

[1] George W. Stocking. *Race, Culture, and Evolution: Essays in the History of Anthropology*[M]. Chicago: University of Chicago Press, 1968.
[2] Dennis Porter. *Haunted Journeys*[M]. Princeton: Princeton University Press, 1991.
[3] 赫德逊.欧洲与中国[M].李申等译.北京:中华书局,1995.
[4] 乔治·马戛尔尼.马戛尔尼使团使华观感[M].何高济、何毓宁译.北京:商务印馆,2013.
[5] 萨义德.东方学[M].王根宇译.北京:生活·读书·新知三联书店,1999.
[6] 福琼.两访中国茶乡[M].敖雪岗译.南京:江苏人民出版社,2015.
[7] 博埃默.殖民与后殖民文学[M].盛宁、韩敏中译.沈阳:辽宁教育出版社,1998.